购房置业一本通

（第二版）

理想·宅 编

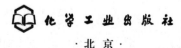

·北京·

内容简介

本书通过一问一答的形式来梳理购房时所遇到的困惑,并提出了解决的方法,让读者对购房的基本常识和专业知识有一定的了解。全书分为房产术语、房产类型、住宅种类、选房常识、房产交易、购房合同、购房议价、税费常识、购房贷款、房产抵押、住房保险、物业管理、房产维权等十三个部分,让读者在购房置业时的每一步操作更为流畅,为读者的决策提供一定的参考和帮助。

本书可供购房者、房产中介、房地产投资者进行学习和参考。

图书在版编目(CIP)数据

购房置业一本通/理想·宅编.—2版.—北京:
化学工业出版社,2024.5
ISBN 978-7-122-45311-2

Ⅰ.①购⋯ Ⅱ.①理⋯ Ⅲ.①住宅-选购-基本知识-中国 Ⅳ.①F299.233.5

中国国家版本馆CIP数据核字(2024)第063041号

责任编辑:王 斌 吕梦瑶	文字编辑:冯国庆
责任校对:宋 夏	装帧设计:筑匠文化

出版发行:化学工业出版社
(北京市东城区青年湖南街13号 邮政编码100011)
印　　装:三河市延风印装有限公司
880mm×1230mm 1/32 印张9¼ 字数219千字
2024年6月北京第2版第1次印刷

购书咨询:010-64518888　　　售后服务:010-64518899
网　　址:http://www.cip.com.cn
凡购买本书,如有缺损质量问题,本社销售中心负责调换。

定　　价:58.00元　　　　　　　版权所有　违者必究

前言

对于人们来说，房屋是遮风挡雨的家，也是保值和增值的商品。买房需要一笔不小的费用，对于个人和家庭来说是一件大事，很多人可能一辈子只经历一次，所以住房的挑选和购买就显得尤为重要。

本书对购房置业的全流程进行了全面解读，从前期的看房、选房、认购和签订合同，以及贷款，到后期的物业管理等全都包括在内。本书的编写采用问答模式，便于读者迅速查找自己想了解和关心的购房问题及答案。希望读者通过阅读本书，对买房的全过程做到了如指掌，避免因缺乏相关知识而造成不必要的损失。随书还附赠一本《验房手册》，介绍包括毛坯房和成品房的验收知识，帮助读者解决从购房到入住的大部分问题。

由于编者水平有限，尽管反复推敲核实，但难免有疏漏及不妥之处，恳请广大读者批评指正，以便做进一步的修改和完善。

编者

第一章 房产术语

001. 什么是房屋产权? 2
002. 什么是产权证书? 2
003. 什么是使用权房? 2
004. 什么是公房? 3
005. 什么是已购公房? 3
006. 什么是不可售公房? 3
007. 什么是单位产权房? 4
008. 什么是现房? 4
009. 什么是准现房? 4
010. 什么是期房? 5
011. 期房与现房的优势分别是什么? 5
012. 什么是私房? 5
013. 什么是外销商品房? 6
014. 什么是内销商品房? 6
015. 什么是尾房? 6
016. 什么是烂尾房? 7
017. 什么是共有房产? 7
018. 什么是二手房? 8
019. 什么是起步价? 8
020. 什么是房产基价? 8
021. 什么是预售价? 9
022. 什么是一次性买断价? 9

目录

023. 什么是定金? 9
024. 什么是违约金? 10
025. 什么是建筑面积? 10
026. 什么是使用面积? 11
027. 套内使用面积指什么? 11
028. 什么是居住面积? 11
029. 什么是公用面积? 11
030. 什么是公摊面积? 12
031. 什么是得房率? 12
032. 什么是使用率? 13
033. 什么是实用率? 13
034. 什么是建筑覆盖率? 14
035. 什么是容积率? 14
036. 什么是绿化率? 14
037. 什么是绿地率? 15
038. 绿地率与绿化率的区别是什么? 15
039. 什么是建筑小品? 16
040. 什么是配建设施? 主要有哪些? 16
041. 住宅的层高指什么? 16
042. 住宅的楼层净高指什么? 17
043. 住宅的开间指什么? 17
044. 住宅的进深指什么? 17
045. 什么是阳台? 18
046. 封闭阳台的优势有哪些? 18

047. 封闭阳台的弊端有哪些? 19

048. 什么是业主会所? 20

049. 什么是物业服务? 20

第二章 房产类型

050. 什么是共有产权房? 22

051. 申请共有产权房的条件? 22

052. 申请共有产权房的材料? 23

053. 申请共有产权房的流程? 23

054. 共有产权房可以出租吗? 24

055. 共有产权房可以买卖吗? 24

056. 自住房和共有产权房的区别? 25

057. 什么是商品房? 25

058. 什么是公有房? 26

059. 什么是廉租房? 26

060. 申请廉租房具体需要什么条件? 27

061. 申请廉租房时需要什么材料? 28

062. 廉租房的申请流程是什么? 29

063. 什么是房改房? 31

064. 房改房上市证的办理流程是什么? 31

065. 什么是集资房? 32

066. 什么是回迁房? 32

067. 什么是平价房? 33

目录

068. 什么是限价房? ... 33
069. 哪些家庭可以优先购买限价房? ... 33
070. 什么人能购买限价房? ... 34
071. 申请限价房的具体程序是什么? ... 35
072. 限价房可以买卖吗? ... 36
073. 什么是经济适用房? ... 36
074. 申购经济适用房需要满足什么条件? ... 37
075. 购买经济适用房需要哪些申请材料? ... 38
076. 申购经济适用房的具体流程是什么? ... 39
077. 出售经济适用房需要注意什么? ... 39
078. 如何购买二手经济适用房? ... 40
079. 什么是安居房? ... 41
080. 申请安居房有什么条件? ... 42
081. 申请安居房需要什么流程? ... 43
082. 安居房可以买卖吗? ... 44
083. 什么是"小产权房"? ... 45
084. 什么是学区房? ... 45
085. 什么是底商? ... 46
086. 什么是商铺? ... 47
087. 如何计算商铺投资回报率? ... 47
088. 什么是别墅? ... 49
089. 什么是央产房? ... 51
090. 央产房的交易流程是什么? ... 51
091. 央产房上市的前提是什么? ... 52

第三章　住宅种类

092. 住宅的种类有哪些? 54
093. 什么是低层住宅? 54
094. 什么是多层住宅? 55
095. 什么是小高层住宅? 56
096. 什么是塔式住宅? 56
097. 什么是塔式高层住宅? 57
098. 什么是板楼? 57
099. 板楼的优点有哪些? 58
100. 板楼的缺点有哪些? 58
101. 什么是高层住宅? 59
102. 什么是超高层住宅? 59
103. 超高层住宅有什么优缺点? 60
104. 什么是外廊式住宅? 60
105. 什么是内廊式住宅? 60
106. 什么是跃廊式住宅? 61
107. 什么是混合式住宅? 61
108. 什么是独院式住宅? 62
109. 什么是并联式住宅? 62
110. 什么是联排式住宅? 62
111. 什么是梯间式住宅? 63
112. 什么是单元式住宅? 63

目录

113. 什么是单元式高层住宅? 64
114. 什么是独立单元式住宅? 64
115. 什么是复式住宅? 64
116. 什么是错层式住宅? 65
117. 什么是跃层式住宅? 65
118. 跃层式住宅主要有哪些类型? 66
119. 什么是花园式住宅? 66
120. 什么是退台式住宅? 66
121. 什么是组团住宅? 67
122. 什么是智能化住宅? 67
123. 什么是酒店式公寓? 67
124. 什么是公寓式住宅? 68
125. 什么是水景房? 68
126. 什么是小户型住宅? 69
127. 什么是超小户型住宅? 69
128. 什么是青年住宅? 70
129. 什么是老年人住宅? 70
130. 什么是"两代居"住宅? 70

第四章　选房常识

131. 怎样寻找房源? 72
132. 如何判断房子的好坏? 72
133. 房屋常见的质量问题有哪些? 72

目录

134. 看房时应注意什么? 74
135. 选房时应注意什么? 75
136. 好地段的房子容易出现哪些问题? 76
137. 房屋地段选择应注意哪些问题? 77
138. 选购远郊区县房产应注意哪些问题? 77
139. 如何规避房地产开发商的促销陷阱? 78
140. 怎样判定房产的性价比? 79
141. 高级住宅与普通住宅有什么区别? 80
142. 什么是样板间? 80
143. 正式楼房与样板间有什么区别? 81
144. 选购尾房要注意哪些问题? 82
145. 选购别墅要注意哪些问题? 83
146. 选购塔楼要注意哪些问题? 84
147. 选购高层住宅需要考虑哪些问题? 85
148. 选择高层住宅好还是多层住宅好? 86
149. 选购复式住宅要注意哪些问题? 87
150. 选购精装修住宅要注意哪些问题? 88
151. 小面积跃层式住宅如何挑选? 89
152. 选购底层住宅需要考虑哪些问题? 90
153. 顶层与底层住宅有哪些缺点? 90
154. 选购半地下室住宅需要注意哪些问题? 91
155. 选购带地下室的一楼需要注意哪些问题? 92
156. 好户型的标准是什么? 92
157. 一梯两户、两梯两户、两梯多户哪个好? 93

目录

158. 怎样判断房屋采光的好坏? 93
159. 选择有风景的房子要注意什么? 95
160. 好社区要具备哪些因素? 95
161. 在高容积率的小区选房要注意什么? ..96
162. 楼盘附近的生活服务设施都包括什么? ..96
163. 如何考察楼盘周边的交通状况? 97
164. 为什么说选房就是选房地产开发商? ..98
165. 哪种住宅的建筑质量具有可信度? 98
166. 环保住宅真的环保吗? 98
167. 怎样评估房屋的抗震性能? 99
168. 年轻人在选房时要注意什么? 100
169. 单身女性选房时要注意什么? 100
170. 买婚房要注意什么? 102
171. 买学区房要注意什么? 103
172. 买养老房要注意什么? 104
173. 选购二手房时如何过滤不真实信息? ..105
174. 如何考察二手房小区环境? 105
175. 购买二手房有哪些禁忌? 106

第五章　房产交易

176. 买房一般的流程是什么? 108
177. 什么是限购令? 108
178. 何时办理预售登记及转让? 109

目录

179. 商品房预售需要具备哪些条件？……………………………………109
180. 如何查询所购买的房产是否取得预售许可证？……………………110
181. 产权证办理的基本程序是什么？………………………………………110
182. 房地产开发商是否"五证"俱全？……………………………………111
183. "五证"中购房者应重点审查哪些文件？…………………………111
184. "五证"中要特别注意哪些内容？……………………………………112
185. 《商品房销售（预售）许可证》包括哪些内容？……………………112
186. 什么是认购书？…………………………………………………………113
187. 怎样签订认购书？………………………………………………………113
188. 买卖双方所签订的认购书的主要内容包括哪些方面？……………114
189. 签完认购书后，还需要签订合同吗？………………………………114
190. 购房网上签约的流程是什么？…………………………………………115
191. 购房时需要明确哪些主要内容？………………………………………115
192. 购房时交定金要注意什么？……………………………………………115
193. 购房者在订立定金条款时，应怎样把握？……………………………116
194. 定金和订金在法律上有什么区别？……………………………………117
195. 套内建筑面积售房与建筑面积售房的内容分别是什么？有何异同？ 118
196. 实行套内建筑面积售房时物业管理费收取是否会改变？…………119
197. 如何进行房屋买卖公证？………………………………………………119
198. 公证所需的有关资料有哪些？…………………………………………119
199. 房产公证如何收费？……………………………………………………120
200. 委托中介公司买房要注意什么？………………………………………121
201. 委托中介公司卖房要注意什么？………………………………………121
202. 何时办理入住？…………………………………………………………121

203. 新房入住手续应该怎样办理? 122
204. 新房买卖的陷阱有哪些? 123
205. 办理首次购房调档的流程是什么? 124
206. 房屋所有权初始登记需要准备哪些材料? 124
207. 房屋登记的程序怎样办理? 125
208. 什么情况下当事人可以申请房屋所有权转移登记? 126
209. 申请房屋所有权转移登记应提交什么材料? 127
210. 购买一手商品房和拆迁房需要准备哪些材料? 127
211. 办理一手商品房产权证的流程是什么? 128
212. 单位购房产权过户需要准备哪些资料? 129
213. 外籍人士如何办理产权过户手续? 129
214. 单位房可以出售吗? 130
215. 怎样辨别不动产权证的真假? 131
216. 房屋所有权证出现错误信息怎样更正? 132
217. 不动产权证中如何增加配偶的名字? 132
218. 房屋所有权证丢失是否可以补办? 132
219. 不动产权证补办需要哪些材料? 133
220. 不动产权证丢失后补办,是否需要收费? 133
221. 没有房屋所有权证,怎样办理落户手续? 134
222. 未成年人可以买房吗? 134
223. 未成年人可以出售房产吗? 134
224. 以他人名义买房产权归谁? 134

第六章 购房合同

225. 什么时候用预售合同? 136
226. 什么时候用现售合同? 136
227. 合同有没有建筑及装修质量标准的细则? 136
228. 合同有没有对附属配套设施的有效制约条款? 137
229. 合同有没有规定房地产开发商延期交房的具体罚则? 137
230. 合同中有关房屋面积方面的条款有哪些? 137
231. 合同中关于价格、收费、付款额方面的条款有哪些? 138
232. 在合同中,对于有关房屋质量的条款,容易产生纠纷的地方有哪些? ..138
233. 一般承担违约责任的违约事项包括哪些? 138
234. 怎样正确认识预售合同中房地产开发商制定的格式文本? 139
235. 补充协议的各条款如何签? 139
236. 房地产开发商不让签补充条款怎么办? 140
237. 购房合同有哪些公证须知? 141
238. 在签订合同时应注意哪些事项? 141
239. 新房购房合同包括哪些内容? 142
240. 合同签订后,房屋就属于买方了吗? 143
241. 签订"阴阳合同"有何坏处? 143
242. 怎样查验房地产开发商的合同主体资格? 144
243. 签订期房合同需要注意什么? 145
244. 商品房合同网上备案有哪些注意事项? 147
245. 如何办理二手房买卖合同公证? 148
246. 二手房买卖合同包括哪些内容? 148

247. 二手房买卖网上签约有什么好处? 150

248. 已经变更产权登记的买卖合同能够解除吗? 151

249. 房产买卖合同什么情况下是无效的? 152

第七章 购房议价

250. 什么是"均价"? 154

251. 什么是"起价"? 154

252. 房价的费用构成有哪些? 155

253. 房价的价外因素有哪些? 156

254. 买房时要掌握的"杀价"技巧有哪些? 156

255. 售房者有可能设置哪些"陷阱"? 157

256. 与房地产开发商谈判前要做哪些准备? 158

257. 房地产开发商常见的销售原则有哪些? 159

258. 什么是房地产评估? 159

259. 二手房的价格是如何评估出来的? 160

260. 购买二手房该如何砍价? 160

261. 怎样挤出二手房价格水分? 161

262. 影响二手房销售价格的因素主要有哪些? 162

第八章 税费常识

263. 什么是契税? 164

264. 什么是房产税? 164

目录

265. 房产税怎么计算? 165
266. 什么是印花税? 165
267. 什么是城镇土地使用税? 166
268. 城镇土地使用税怎么计算? 167
269. 土地增值税怎样收? 167
270. 土地增值税与购房人是否有关系? 169
271. 新房入住时需要缴纳哪些费用? 169
272. 什么是公共维修基金? 170
273. 怎样计算二手房折旧费? 171
274. 在二手房交易中如何合理减免营业税? 172
275. 二手房赠与过户所产生的税费有哪些? 172
276. 卖房后再买房,能否享受首次购房优惠政策? 173
277. 哪些房屋出售时会产生个人所得税? 173
278. 再次购房时个人所得税能否退还? 174
279. 拆迁户重新购房是否免税? 174

第九章　购房贷款

280. 贷款的种类有哪些? 176
281. 什么是个人住房商业贷款? 176
282. 个人住房商业贷款需要什么条件? 176
283. 房贷有哪些形式? 177
284. 什么是一次性付款? 178
285. 什么是分期付款? 178

286. 什么是按揭贷款? 178

287. 按揭贷款有什么优点? 179

288. 按揭贷款有什么缺点? 179

289. 银行按揭贷款与分期付款有哪些不同? 179

290. 什么是一次还本付息? 180

291. 什么是按期付息还本? 180

292. 什么是本金归还计划? 180

293. 什么是等额本金还款? 181

294. 等额本金还款与等额本息还款有什么区别? 182

295. 什么是宽限期还款法? 182

296. 什么是等比递进还款法? 182

297. 什么是等额递进还款法? 183

298. 什么是增本减息法? 183

299. 什么是固定利率? 183

300. 什么是结构性固定利率? 184

301. 什么是浮动利率? 184

302. 什么是月供? 185

303. 什么是双周供? 185

304. 什么是接力贷? 186

305. 什么是循环贷? 186

306. 什么是倒按揭? 187

307. 什么是净息还款? 187

308. 什么是随借随还房贷方式? 188

309. 什么是存抵贷? 188

目录

310. 个人申请住房商业贷款时应提供哪些资料? ……………… 188
311. 按揭贷款的流程是什么? ……………………………… 189
312. 申请按揭贷款的条件是什么? …………………………… 190
313. 购房者可以提前还按揭贷款吗? ………………………… 191
314. 按揭贷款购房需要什么资料? …………………………… 191
315. 按揭贷款购房的合同需要银行办吗? …………………… 192
316. 什么是住房公积金贷款? ………………………………… 193
317. 住房公积金贷款有哪些种类? …………………………… 193
318. 申请住房公积金贷款的条件是什么? …………………… 193
319. 申请住房公积金贷款需要提供哪些资料? ……………… 194
320. 住房公积金贷款的办理流程是什么? …………………… 194
321. 住房公积金贷款的贷款期限是多久? …………………… 195
322. 怎样计算公积金贷款额度? ……………………………… 196
323. 住房公积金缴存范围是什么? …………………………… 196
324. 怎样查询住房公积金? …………………………………… 196
325. 住房公积金的提取条件是什么? ………………………… 197
326. 提取住房公积金要注意什么? …………………………… 197
327. 住房公积金提取有哪些手续? …………………………… 198
328. 什么是组合贷款? ………………………………………… 199
329. 怎样申请组合贷款? ……………………………………… 199
330. 申请组合贷款需要提供哪些资料? ……………………… 200
331. 办理组合贷款的流程是什么? …………………………… 200
332. 怎样降低房贷利息? ……………………………………… 201
333. 转按揭需要走的流程是什么? …………………………… 203

334. 贷款购买二手房，卖方需要提供哪些材料？..................204
335. 贷款购买二手房，买方需要提供哪些材料？..................204
336. 申请二手房贷款需要注意什么？..................204
337. 借款合同如何变更或终止？..................205
338. 为未成年子女购房可以申请贷款吗？..................206

第十章　房产抵押

339. 什么是房地产抵押？..................208
340. 为什么要设定房地产抵押？..................208
341. 什么是抵押人？..................208
342. 什么是抵押权人？..................208
343. 什么是抵押合同？..................208
344. 哪些物品可以作为抵押物？..................209
345. 怎样办理房地产抵押？..................209
346. 房地产抵押合同包括哪些内容？..................209
347. 用于建设工程抵押的抵押合同，还应当表明什么内容？..................210
348. 什么情况下，抵押权人有权要求处分抵押的房地产？..................211
349. 债务人或者第三人有权处分的财产，哪些可以抵押？..................211
350. 债务人或者第三人有权处分的财产，哪些不可以抵押？..................212
351. 哪些房屋不能设定抵押？..................212
352. 房改房可以抵押吗？..................213
353. 一次性付款的预售商品房可以抵押吗？..................213
354. 抵押权可以重复抵押吗？..................213

目录

355. 如何才能实现房地产抵押？..................214
356. 什么是房地产抵押贷款？..................214
357. 房地产抵押贷款有哪几种？..................215
358. 房产抵押贷款有哪些优缺点？..................216
359. 什么是保证贷款？..................217
360. 什么是质押贷款？..................217
361. 抵押贷款与质押贷款有什么区别？..................217
362. 房地产抵押贷款的用途有哪些？..................218
363. 设定房地产抵押时，"房"和"地"可以分开吗？..................219
364. 什么是房地产抵押登记？..................219
365. 房地产抵押登记的流程是什么？..................220
366. 申请房屋的抵押权登记时需要准备哪些材料？..................221
367. 申请房屋抵押权变更登记时需要提交哪些资料？..................221
368. 申请抵押权注销登记时需要提交哪些资料？..................222
369. 房屋抵押后能不能继续出售？..................222
370. 房地产抵押具体应如何操作？..................223
371. 为什么房产抵押必须征得夫妻一致同意才有效？..................223
372. 签订房屋抵押合同时一般应注意哪些问题？..................223
373. 抵押人死亡后原抵押合同是否有效？..................224
374. 房地产抵押合同未办理登记，不产生抵押权，那么房地产抵押合同是成立未生效吗？..................224
375. 经过登记预告的房屋，卖方还可以抵押吗？..................224
376. 私人借款用房地产抵押，仅签订房地产抵押合同，不办理抵押登记是否有效？..................225

377. 房地产抵押期间土地是否可另行转让? 225

378. 已经被抵押的房屋能否购买? 226

379. 房产证抵押给银行需要办理什么手续? 226

380. 银行是如何实现抵押权的? 227

381. 什么是房地产抵押消费贷款? 227

382. 个人房屋抵押消费贷款的额度和期限是什么? 228

383. 个人房屋抵押消费贷款办理需要准备哪些资料? 228

384. 个人房屋抵押消费贷款办理的流程是什么? 229

385. 办理住房抵押贷款时,怎样缴纳法律服务费? 229

386. 办理房地产抵押合同公证的条件是什么? 229

387. 办理房地产抵押合同公证时需要准备哪些资料? 230

第十一章　住房保险

388. 什么是住房保险? 232

389. 住房保险有什么作用? 232

390. 住房保险如何办理? 233

391. 住房保险合同有哪些内容? 233

392. 列入家庭财产保险的住宅保险形式有哪几类? 234

393. 办理个人住房抵押贷款是不是必须办理保险? 234

394. 办理个人住房抵押贷款后,住房保险有什么规定? 235

395. 哪些原因造成的房产损失,保险公司会承担赔偿责任? 235

396. 哪些原因造成的房产损失,保险公司不承担赔偿责任? 236

第十二章 物业管理

397. 物业管理的狭义概念与广义概念分别是什么? 238
398. 什么是居住物业? 238
399. 什么是业主大会和业主委员会? 238
400. 怎么选择物业公司? 239
401. 小区中的住户有哪些权利和义务? 239
402. 物业服务企业有哪些权利和义务? 240
403. 物业服务企业与主管部门的职责如何划分? 241
404. 如何处理好业主与物业服务企业的关系? 242
405. 前期物业合同怎样签订? 242
406. 物业管理的专项服务内容有哪些? 243
407. 物业服务企业有权制止业主的哪些行为? 243
408. 物业人员在紧急情况下是否有权破窗而入? 243
409. 物业管理费单价怎么计算? 244
410. 公共性服务收费是如何构成和测算的? 244
411. 物业服务企业是否可以预收物业管理费? 245
412. 未签订物业服务合同,业主能否拒交物业管理费? 245
413. 房屋租金是否可以抵消物业管理费? 246
414. 买房未入住,也要交纳物业管理费吗? 246
415. 物业收费中会有哪些不合理之处? 246
416. 公共区域内的照明费由谁来负担? 247
417. 小区内的道路、绿地归谁所有? 247
418. 物业服务企业可以自行将绿地改建为停车场吗? 247

目录

419. 物业服务企业与业主的维修责任如何划分？..................248

420. 如何对公房进行维修、养护、管理？..................249

421. 建筑安装工程保修的期限是多久？..................250

422. 住户装修时是否应交纳装修押金？..................250

423. 业主委员会成立前，房地产开发商和物业服务企业签订的合同是否有效？..................251

424. 业主可以不执行业主大会的决议吗？..................252

425. 业主可以辞退物业服务企业吗？..................252

第十三章 房产维权

426. 什么是住宅产权？..................254

427. 什么是住宅使用权？..................254

428. 住宅的处分权和收益权分别指什么？..................255

429. 各种物业的土地使用年限是一样的吗？..................255

430. 商品房买卖常见纠纷有哪些？..................256

431. 怎样防止房地产开发商把房子另卖？..................256

432. 导致房地产开发商延迟交房的原因是什么？..................257

433. 售楼广告宣传不实，房地产开发商是否要承担违约责任？..................257

434. 新房出现质量问题怎么办？..................258

435. 房屋面积有误差怎么办？..................259

436. 合同上没有约定的地下室能否按实际面积计价？..................260

437. 公摊面积被房地产开发商重复销售怎么办？..................260

438. 什么情况下买房人可以要求房地产开发商双倍赔偿？..................261

439. 房款已付清但是未办理过户，卖方能否收回房产？ 261
440. 已经交付的房屋，原房主还能拆走原来的空调吗？ 262
441. 房子卖了，停车位还能用吗？ 262
442. 购房者是否可以转让未交付使用的期房？ 263
443. 哪些情况下，购房者可以要求退房？ 263
444. 退房的具体程序是什么？ 264
445. 支付了首付款及部分按揭贷款的房子能退掉吗？ 264
446. 二手房交易常见纠纷有哪些类型？ 265
447. 买了二手房，出现质量问题该找谁？ 265
448. 房屋登记被篡改了怎么办？ 266
449. 法院判决后何时可以取得房屋所有权？ 266
450. 房产纠纷的诉讼时效有哪几种？ 266
451. 物业服务企业与业主发生收费纠纷怎么办？ 267
452. 物业服务企业可以对违约业主断水、断电吗？ 268
453. 维修养护不及时，物业服务企业应承担什么责任？ 269
454. 房改房的楼顶漏水，该由谁负责维修？ 269
455. 房地产开发商在楼房顶层私自竖立广告牌合法吗？ 270
456. 小区内的商业广告收益，应该归谁所有？ 270
457. 业主可以占用公共楼道吗？ 271
458. 自家的承重墙可以随便拆除吗？ 271
459. 可以把自家的住房变成经营性住房吗？ 272
460. 房主可以自行封闭露天阳台吗？ 272

第一章 房产术语

房产术语越来越多地出现在购房者的视野中,虽然其中的部分术语已经众所周知,但还有很多不为购房者所熟知。对购房术语的不了解,往往使得购房者在签订购房合同时对其中部分条款的理解出现偏差,从而导致合同无法最终履行。这既打击了购房者的积极性,也容易让不法销售商钻"术语"的空子。因此,有一些术语是购房者必须了解的。

001 什么是房屋产权？

房屋产权是指房产的所有者按照国家法律规定所享有的权利，也就是房屋各项权益的总和，即房屋所有者对该房屋财产的占有、使用、收益和处分的权利，包括房屋所有权以及土地使用权。其中土地使用权最长年限为七十年，土地使用权期满后，土地使用者可以申请续期。所谓的占有权就是产权人对其房屋事实上的控制权；使用权是指产权人按照房产的性能、作用对房屋加以利用的权利；收益权是指产权人收取房产所产生的利益的权利；处分权是指产权人在事实上或法律上对房产进行处置的权利。处分权是房屋产权的核心，是房屋产权最根本的权利。处分权一般只能由房屋产权人行使（法律上有特别规定的除外）。

002 什么是产权证书？

不动产权证，简称《中国不动产权证》，是中华人民共和国公民所拥有的房产权利证明，确保房产的固定性不被侵犯。根据《民法典》的相关规定，不动产的登记工作由不动产所在地的专门机构负责。国家实施了统一登记制度，确保登记工作的规范与公正。

003 什么是使用权房？

使用权房是指由国家以及国有企业、事业单位投资兴建的，政府以规定的租金标准出租给居民的公有住房。该房屋的产权属于国家或集体，不过，这项使用权是从所有权分离出来的一项独立的财产权，目前已经允许使用权人（公房承租人）在一定范围内通过一定方式转让或交换房屋使用权，所获收益扣除应缴税费后归使用权人所有。

004 什么是公房？

公房也称公有住房、国有住宅。它是指由国家以及国有企业、事业单位投资兴建、销售的住宅，在住宅未出售之前，住宅的产权（拥有权、占有权、处分权、收益权）归国家所有。目前居民租用的公有住房按房改政策可分为两大类：一类是可售公有房；另一类是不可售公有住房。上述两类住房均为使用权房。

005 什么是已购公房？

已购公房是指城镇职工根据国家和县级以上地方人民政府有关城镇住房制度改革政策规定，按照成本价（或者标准价）购买的公有住房，或者依照地方人民政府规定的住房保障政策购买的经济适用住房。已购公房又称售后公房，就是购买的公有住房。

006 什么是不可售公房？

不可售公房是指根据本市现行房改政策不能出售给承租居民的公有住房，主要包括旧式里弄、新式里弄、职工住房等厨房、卫生间合用的不成套房屋，也包括部分公寓、花园住宅等成套房屋。

007 什么是单位产权房？

单位产权房是指产权属于单位（机构）所有的房屋，也称系统产权房、系统房。在我国住房制度改革以前，住宅都是由单位建好分给职工作为福利的。房产的产权都是单位而非个人，分配给职工使用的房屋一般会由产权单位（或房管所）发一个使用权证（即公有住房租赁合同），房屋属于使用权性质。有些职工由于工作变动等有换房的需要，则换房双方需要经过产权单位同意。

008 什么是现房？

现房是指业主可即买即住的商品房，即房地产开发商已办妥所售房屋大产证（房屋所有权证和国有土地使用证）的商品房。业主签订商品房买卖合同后，立即可以办理入住并取得产权证。只有拥有房屋所有权证和国有土地使用证（或不动产权证书）的商品房才能称为现房。

009 什么是准现房？

准现房是指房屋主体已基本封顶完工，小区内的楼宇及设施的大致轮廓已初现，房型、楼间距等重要因素已经一目了然，工程正处在内外墙装修和进行配套施工阶段的房屋。

010 什么是期房？

期房是指房地产开发商从取得商品房预售许可证开始至取得大产证为止，在这一期间的商品房称为期房，业主在这一阶段购买商品房时应签预售合同。期房在中国香港和澳门地区称为买"楼花"，这是当前房地产开发商普遍采用的一种房屋销售方式。购买期房也就是购房者购买尚处于建造之中的房地产项目。

011 期房与现房的优势分别是什么？

期房的优势	现房的优势
（1）期房价格低，对自住者来说相对划算 （2）对投资者来说有升值空间	（1）真实直观，可第一眼看到房型、朝向、质量 （2）现房可以即买即住，不像期房需要等一至两年甚至更长的时间

012 什么是私房？

私房也称私有住宅、私产住宅。它是由个人或家庭购买、建造的住宅。在农村，农民的住宅基本上都是自建私有住宅。公有住房通过住宅消费市场出售给个人和家庭，也会转为私有住宅。

013 什么是外销商品房？

外销商品房是由房地产开发商建设的，取得了外销商品房预(销)售许可证的房屋。外销商品房可以出售给国内外的企业、其他组织和个人。

014 什么是内销商品房？

内销商品房是由房地产开发商建设的，取得了商品房销售许可证的房屋。内销商品房可以出售给当地的企事业单位和居民。

015 什么是尾房？

尾房又称扫尾房。它是房地产业进入散户零售时代的产物，是空置房的一种。一般情况下，当商品房的销售量达到80%以后，就进入房地产项目的清盘销售阶段，此时所销售的房产一般称为尾房。房地产开发商经过正常的销售后剩下了少量没有竞争力的房子，这些房子或朝向不好、采光不足，或是楼层不佳、位处两极，其中一层大多不带小花园且遮挡较严重。

016 什么是烂尾房？

烂尾房是指那些由于房地产开发商资金不足、盲目上马，或者错误判断供求形势，开发总量供大于求，导致大面积空置，无法回收前期投资，更无力进行后续建设，甚至全盘停滞的积压楼宇。烂尾情况一般不会发生在房产刚推出销售时，而是随着项目的不断推进，一步步显现。

017 什么是共有房产？

共有房产指两个或两个以上的人共同享有所有权的同一项房产。在法律上共同拥有房产相关义务和权利的人是房产共有人。

共有房产不外乎两种情况，即共同共有和按份共有。

共同共有	按份共有
基于当事人的共同关系而发生。共同关系产生于婚姻家庭领域及具有一定亲属关系的公民之间 共同共有房产的主要类型：夫妻共有、家庭共有、遗产分割前的共有等	除了基于法律规定之外，还基于当事人的意愿而发生。按份共有的主要类型：合伙而产生的共有、共同出资购房所产生的共有等 按份共有的当事人之间往往也是基于一定的亲属、朋友关系

018 什么是二手房？

二手房即旧房。新建的商品房进行第一次交易时为"一手"，第二次交易则为"二手"。

二手房是指已经在房地产交易中心备过案、完成初始登记和总登记、再次上市进行交易的房产。相对房地产开发商手里的商品房而言，它是房地产产权交易二级市场的俗称，包括商品房、允许上市交易的二手公房（房改房）、拆迁房、自建房、经济适用房、限价房。

019 什么是起步价？

起步价是指某物业各楼层销售价格中的最低价格，一般是指户型格局、朝向不好的楼房价格。而各楼层的差价，有的每平方米相差几十元，有的每平方米相差几百元。

020 什么是房产基价？

基价也叫基础价，是指经过核算而确定的每平方米商品房的基本价格。商品房的销售价一般以基价为基数，通过增减楼层、朝向差价后而得出。

021 什么是预售价?

预售价也是商品房预(销)售合同中的专用术语,预售价不是正式价格,在商品房交付使用时,应按有批准权限部门核定的价格为准。

022 什么是一次性买断价?

一次性买断价是指买方与卖方商定的一次性定价。一次性买断价属于房产销售合同中的专用价格术语,确定之后,买方或卖方必须按此履行付款或交房的义务,不得随意变更。

023 什么是定金?

定金是指当事人约定由一方向对方给付的,作为债权担保的一定数额的货币。它属于一种法律上的担保方式,目的在于促使债务人履行债务,保障债权人的债权得以实现。

温馨小贴士

根据我国《民法典》的有关规定,定金合同自实际交付定金时成立。定金的数额由当事人约定,但不得超过主合同标的额的百分之二十。如果购房者交了定金之后改变主意决定不买,开发商有权以购房者违约为由不退定金;如果开发商将房屋卖给他人,应当向购房者双倍返还定金。

024 什么是违约金？

违约金是指违约方按照法律规定和合同的约定，应该付给对方的一定数量的货币。违约金是对违约方的一种经济制裁，具有惩罚性和补偿性，但主要体现惩罚性。只要当事人有违约行为且在主观上有过错，无论是否给对方造成损失，都要支付违约金。

025 什么是建筑面积？

住宅的建筑面积是指建筑物外墙外围所围成空间的水平面积，如果计算多层、高层住宅的建筑面积，则是各层建筑面积之和。建筑面积包含房屋居住的可用面积、墙体和柱体的占地面积、楼梯走道面积、其他公摊面积等。

026 什么是使用面积？

住宅的使用面积，指住宅各层平面中直接供住户生活使用的净面积之和。计算住宅使用面积，可以比较直观地反映住宅的使用状况，但在住宅买卖中一般不采用使用面积来计算价格。

027 套内使用面积指什么？

套内使用面积俗称"地砖面积"。它是指室内实际能使用的面积，如卧室、客厅、厨房、卫生间等空间面积，不包括柱体、墙体等结构面积。

028 什么是居住面积？

住宅的居住面积是指住宅建筑各层平面中直接供住户生活使用的居室净面积之和。所谓净面积就是除去墙体、柱体等建筑构件所占有的水平面积（即结构面积）。一般作为衡量居住水平面积的指标。

029 什么是公用面积？

住宅的公用面积是指住宅楼内为住户出入方便、正常交往、保障生活所设置的公共走廊、楼梯、电梯间、水箱间等所占面积的总和。

030 什么是公摊面积？

公摊面积是指每套（单元）商品房依法应当分摊的公用建筑面积。公用建筑面积和分摊的公用建筑面积的产权归整栋楼的购房人共有。商品房分摊的公用建筑面积主要由两部分组成：

① 电梯井、楼梯间、垃圾道、变电室、设备室、公共门厅和过道等功能上为整栋建筑服务的公共用房和管理用房的建筑面积；

② 各单元与楼宇公共建筑空间之间的分隔以及外墙（包括山墙）墙体水平投影面积的 50%。

031 什么是得房率？

得房率是指可供住户支配的面积（也就是套内建筑面积）与每户建筑面积（也就是销售面积）之比。

套内建筑面积 = 套内使用面积 + 套内墙体面积 + 阳台建筑面积。

套(单元)建筑面积 = 套内建筑面积 + 分摊的公用建筑面积。

温馨小贴士

得房率是买房时比较重要的一个指标。因为得房率越高，公共部分的面积就越少，住户就会感到压抑。一般情况下，多层住宅得房率为 88% 左右，高层住宅得房率为 72% 左右较为合适，公共部分既宽敞气派，分摊的面积也不会太多，比较实惠。

032 什么是使用率？

使用率是房地产市场中的一个约定俗成的参考指标，它是房屋的使用面积和建筑面积之比（%），可以反映出房屋使用面积的大小，具有一定的参考价值。

💡 **温馨小贴士**

使用率和人流量存在着密切的联系，人流量越大，使用率越低。

空间	使用率/%
板楼	80
塔楼	75
写字楼	70
商场	65

033 什么是实用率？

实用率是套内建筑面积和住宅面积之比，大于使用率。

实用率＝套内建筑面积／（套内建筑面积＋分摊的公用建筑面积）。

💡 **温馨小贴士**

实用率常见于楼房买卖的销售单张及广告之中。相对于不同楼宇而言，商品房实用率越低，其单价升幅越大；相反，实用率越高的楼盘，其单价的升幅越小。

034 什么是建筑覆盖率?

建筑覆盖率又被称为建筑密度,具体指项目用地范围内,所有建筑的基底总面积和规划用地面积的比例(%),它可以反映出一个住宅小区的空地率和建筑物的密集程度。

> **温馨小贴士**
>
> 住宅小区的建筑密度通常取决于小区楼房的分布,绿地所占的比率,防震、防火、气候、地形条件等对住宅建筑的布置要求以及具体的层数、层高、房间间距和排列方式等各项因素。通常情况下,平均建筑层数越高,建筑密度就越低,一个小区的建筑密度通常不会超过40%~50%。

035 什么是容积率?

容积率又称建筑面积毛密度,是指一个小区地上总建筑面积与用地面积的比例。对于房地产开发商来说,容积率决定地价成本在房屋中占的比例;对于住户来说,容积率直接涉及居住的舒适度。一个良好的居住小区,高层住宅容积率应不超过5,多层住宅容积率应不超过3。

036 什么是绿化率?

绿化率的准确用词是"绿化覆盖率",是指项目规划建设用地范围内的绿化面积与规划建设用地面积之比。但绿化率只是房地产开发商宣传楼盘绿化时使用的概念,并没有法律法规依据。法律法规中明确规定,衡量楼盘绿化状况的国家标准是绿地率。

037 什么是绿地率？

绿地率描述的是居住区用地范围内各类绿地的总和与居住区用地的比率。绿地率所指的"居住区用地范围内各类绿地"主要包括公共绿地、宅旁绿地等。其中，公共绿地又包括居住区公园、小游园、组团绿地及其他的一些块状、带状化公共绿地。

038 绿地率与绿化率的区别是什么？

绿化与绿地，两者的区别主要是在"居住区用地范围内各类绿地"这一概念的不同理解上。

绿化率专业术语应称作"绿地率"，它和房地产开发商一般许诺的"绿化率"有很大区别，房地产开发商常说的其实是"绿化覆盖率"。

绿化覆盖率，相对而言比较宽泛，大致长草的地方都可以算作绿化，所以绿化覆盖率一般要比绿地率高一些。计算绿化覆盖率所指的绿地，简单地说，就是只要有块草皮就可以计入，所以绿化覆盖率有时能达到60%以上。

039 什么是建筑小品？

建筑小品是指既有功能要求，又具有点缀、装饰和美化作用，从属于某一建筑空间环境的小体量建筑、游憩观赏设施和指示性标志物等的统称。

040 什么是配建设施？主要有哪些？

配建设施是指与住宅规模或人口规模相对应配套建设的公共服务设施、道路和公共绿地的总称。

配建设施主要包括以下两类。

① **与基本居住有关的各种公用管线以及设施：**包括水、电、天然气、有线电视、电话、宽带网络、供暖、雨水处理、污水处理等，这些设施保障基本居住需求的满足。

② **与家庭生活需求有关的各种公共设施：**包括教育、医疗卫生、文化体育、商业服务、金融邮电、社区服务、行政管理等方面的设施，这些设施是对基本居住需求之上的更高生活需求的满足。

041 住宅的层高指什么？

层高是指以"层"为单位计量的住宅的高度，国家在层高设计上有要求。它通常为上下两层楼面（或地面至楼面）结构标高之间的垂直距离。一般住宅的层高宜为2.80米。

042 住宅的楼层净高指什么？

住宅的楼层净高是指楼面或地面至上部楼板底面之间的最小垂直距离，可理解为下层地板面（或楼板上表面）到上层楼板下表面之间的距离。楼层净高和层高的关系可以用公式来表示：楼层净高 = 层高 − 楼板厚度。

043 住宅的开间指什么？

住宅设计中，开间是指相邻两个横墙的定位轴线间的距离，因为是就一个自然间的宽度而言，故又称开间。住宅开间一般不超过 3.0~3.9 米，砖混结构住宅开间一般不超过 3.3 米。

044 住宅的进深指什么？

进深在建筑学上是指一间独立的房屋或一幢居住建筑从前墙壁到后墙壁之间的实际长度。进深大的房屋可以有效地节约用地，但为了保证建成的建筑物有良好的自然采光和通风条件，进深在设计上有一定的要求，不宜过大。

温馨小贴士

一般情况下，开间 5 米以上、进深 7 米以上的大开间住宅可为住户提供一个 40~50 平方米甚至更大的居住空间，与同样建筑面积的小开间住宅相比，承重墙减少一半，使用面积增加 2%，便于灵活隔断、装修改造。

045 什么是阳台?

具体来说,阳台是指有永久性上盖、有围护结构、有台面、与房屋相连、可以活动和利用的房屋附属设施,主要是供居住者进行室外活动、晾晒衣物的空间。它是建筑物室内的延伸,是享受阳光、呼吸新鲜空气、进行户外锻炼、观赏景致、纳凉的场所,如果布置得好,还可以成为一个漂亮的小花园,让人足不出户就能欣赏到大自然的风景。

阳台的分类方式	
通常划分为	悬挑式阳台、嵌入式阳台、转角式阳台
根据其封闭情况分为	开放式阳台、半封闭式阳台、封闭式阳台
根据其与主墙体的关系分为	凸阳台、凹阳台、半凸半凹式阳台
根据其空间位置分为	底阳台、挑阳台
根据功能分为	生活阳台、服务阳台

046 封闭阳台的优势有哪些?

① **安全系数高**。房屋又多了一层保护,能够起到安全防范的作用,可以防止歹徒从阳台进入房间。

② **保暖、隔音、遮尘**。封闭让房屋多了一层介质,利于阻挡风沙、雨水、灰尘、噪声的侵袭,可以让与之相邻的居室变得更加安静而且干净。此外,阳台封闭后在冬季能起到保暖作用。

③ **扩大房间的面积**。阳台封闭之后可以开辟为读书写字、健身锻炼、储存物品的空间,当然也可以作为居住的空间。这样等同于扩大了卧室或客厅的使用面积,增加了居室的储物面

积。如果房屋的结构允许，除了保留窗的下半墙外，其余可以全部拆除，这样更有利于房间的布局和设计。

047 封闭阳台的弊端有哪些？

① **让房间和外界隔离**。阳台原本是一个乘凉、享受阳光的地方，封闭之后就少了直接享受阳光、呼吸新鲜空气、望远、纳凉、种植花草的区域，也给家庭的衣物晾晒带来不便。

② **影响采光**。阳台封闭后阳光就不能直接照射房间，而且也不利于室内杀菌。

③ **不利于空气流通**。阳台封闭后，阻挡了空气的对流，夏天室内的热量不容易发散出去，会造成室内闷热；冬天室内的空气也不容易流通，再加上做饭所产生的生活废气，会对人的身体健康产生不利影响。

048 什么是业主会所？

业主会所就是以所在物业的业主为主要服务对象的综合性康体娱乐服务设施。业主会所应具备的康体设施有：游泳池（最好是室内）、羽毛球场或网球场、保龄球馆、高尔夫球练习馆、健身房等娱乐健康场所。除此之外，业主会所还应该有酒吧、中西餐厅、咖啡厅等餐饮与招待客人的社交场所，以及阅览室、网吧等其他服务设施。

业主会所可以分为以下两类。

基础会所	通常只能满足业主最基本的健康生活需求，这种会所是可以免费使用的
超级型会所	在提供更高级的服务的同时，也会对其中部分设施的使用收取一定的费用

注：原则上只对社区的业主服务，不对外开放，从而保证业主活动的安全。

049 什么是物业服务？

住宅小区的物业服务，是指对小区范围内的建筑物和构筑物及其设备、市政、公用园林绿化、环卫、交通、治安等公用设施以及生态环境管理项目进行维护、修缮的活动。

第二章 房产类型

购房前弄清楚房产的不同类型是非常必要的。在房屋买卖中会涉及很多专业知识,普通的购房者很难立刻了解和熟悉这些问题。因此,为了减少风险,购房者最好提前对房产类型的相关知识进行了解。

050 什么是共有产权房?

共有产权房,即政府与购房者共同承担住房建设资金,分配时在合同中明确共有双方的资金数额及将来退出过程中所承担的权利和义务;退出时由政府回购,购房者只能获得自己资产数额部分的变现,从而实现保障住房的封闭运行。

051 申请共有产权房的条件?

各地申请条件不同,可根据不同区域政策申请,以上海为例,介绍如下。

① **户籍限制**:家庭成员在本地居住,具有本地城镇常住户口连续满3年,且在提出申请所在地的城镇常住户口连续满2年。

② **收入标准**:以3人家庭为标准,政策有规定,人均月支配收入在1600元以下(含1600元),人均财产在5万元以下(含5万元)的才可以申请。按照新政策,家庭人均月支配收入在2100元以下(含2100元)、人均财产在8万元以下(含8万元)的可以申请。

③ **住房标准**:家庭人均住房面积低于15平方米(含15平方米)。

④ **行为限制**:申请家庭在提出申请前5年内没发生过住房出售行为或赠与行为,但家庭成员之间住房赠与行为除外。

⑤ **年龄限制**:要具有完全民事行为能力的单身人士,男性满28周岁、女性满25周岁,可以单独申请购买经济适用房。

052 申请共有产权房的材料？

① 家庭收入情况证明。

② 房产证、公房租赁证等家庭住房状况证明。

③ 家庭成员身份证和户口簿。

④ 家庭成员婚姻证明。

⑤ 需提交的其他证明。

⑥ 申请人本人向户籍所在地（或实际居住地）街道办事处提出申请并提供材料，填写《××市低收入（中等偏下收入）住房困难家庭认定申请审批表》，并签署《诚信承诺书（授权书）》。其他符合条件的家庭或个人由申请人携带相关申购材料至市住保办提出申请。

053 申请共有产权房的流程？

① **网上申请：** 首先登录房管局的官网并提出申请，在线填写《家庭购房申请表》和《承诺书》，网上申购期限不少于15日。

② **审核：** 市住建委会在申购期结束后20个工作日内，同公安、社保、不动产登记等部门对申请家庭的购房资格和在本区就业情况进行审核，审核通过的可以获得申请编码，去官网查询结果。

③ **摇号：** 房管局按照优先次序进行分组，确定摇号名单，并在官网上公示。对符合条件的申请家庭进行公开摇号，确定选房顺序。

④ **选房：** 提前5个工作日，在销售现场和房管局发布选房公告，明确选房时间和地点。

⑤ **购房确认：** 开发建设单位需要对符合条件的购房家庭进行复核确认后，报区住建委复核，复核通过的可签订购房合同。

054 共有产权房可以出租吗？

共有产权房是可以出租的。已购共有产权房用于出租的，购房人和代持机构按照所占房屋产权份额获得租金收益的相应部分，具体应在购房合同中约定。优先面向保障性住房备案家庭或符合共有产权房购房条件的家庭出租。

055 共有产权房可以买卖吗？

① 购房人取得不动产权证未满5年的，不允许转让房屋产权份额，因特殊原因确需转让的，可向原分配区住建委提交申请，由代持机构回购。

② 购房人取得不动产权证满5年的，可按市场价格转让所购房屋产权份额，也可按市场价格购买政府份额后获得商品住房产权，此后出售将不再受限制。

转让次序如下。

a.购房人向原分配区住建委提交上市申请，明确出售价格。在同等的价格条件下，代持机构可以优先购买。

b.如果代持机构放弃优先购买权，可在代持机构建立的网络服务平台发布转让所购房屋产权份额信息，转让对象应为其他符合共有产权房购买条件的家庭。新购房人获得房屋产权性质仍为"共有产权住房"，所占房屋产权份额比例不变。

c.也可协商后共同向其他符合本市限购条件家庭转让房屋，新购房人取得商品住房产权，购房人和代持机构按照所占产权份额获得转让总价款的相应部分。

056 自住房和共有产权房的区别?

项目	自住房	共有产权房
年龄限制	单身且年满25周岁	单身且年满30周岁
政府参与方式	5年后上市收益的30%上交财政部门	政府和购房人各持有一定比例的产权
申请程序	市住建委官网报名	区住建委(房管局)官方网站报名、区里监督摇号、区里定优先组顺序
递补选房后满6个月,剩余房子的处理方式	对外公开销售	由市住建委统筹调配给其他区进行配售
出租	租金归自己	租金与代持机构按比例分配
出售	入住5年后才可出售,且上市收益的30%上缴财政部门	代持机构优先回购;按原有比例转卖给符合共有产权的其他家庭,或者买下政府份额转成商品房

057 什么是商品房?

商品房是特指经政府有关部门批准,由房地产开发经营公司开发的,建成后用于市场出售、出租的房屋,包括住宅、商业用房以及其他建筑物,而  自建、参建、委托建造,而自建、参建和委托建造的自用住宅不属于商品房范围。它是房地产开发商开发建设的供销售的房屋,能办不动产权证书,可以自定价格出售的产权房。

058 什么是公有房?

公有房简称为公房,也被称为公有住房、国有住宅,在国外也被称为公共住宅或公营住宅。它是我国特殊体制下遗留的产物,具体是指由国家或国有企业、事业单位投资兴建、销售的住宅,在住宅没有出售之前,住宅的产权(包括拥有权、占有权、处分权、收益权)都归国家所有。

公有住宅由当地政府负责建设,主要向本市居民出租和出售;由企业出资建设的住宅,企业向自己的职工出租和出售。公房出售之后也就变成了私房。

目前,我国城市居民租用的公有住宅按照房改政策分为两大类,一类是可以出售的公有住宅,一类是不能出售的公有住宅。这两类住宅都属于使用权房,也就是居住者只有使用权,没有所有权。

059 什么是廉租房?

廉租房是指政府以租金补贴或实物配租的方式,向符合城镇居民最低生活保障标准且住房困难的家庭提供社会保障性质的住房。廉租房的分配形式以租金补贴为主,以实物配租和租金减免为辅。

060 申请廉租房具体需要什么条件?

① 申请廉租房需要在当地居住满 5 年,也就是说只有当地居民或者在当地常住的居民才能申请。

② 申请人家庭收入不能超过最低收入标准,必须是政府部门认定的低收入家庭。

③ 申请人在申请时可以有房产,但是人均面积不能超过 15 平方米,同时整个房产的面积不能超过 50 平方米。

④ 申请人共同生活的各家庭成员之间必须要有法律承认的赡养或抚养关系,否则,申请不会通过。

⑤ 只允许申请人和所有家庭成员拥有一处房产,且面积不得超过规定数额。

再以北京市为例,简单介绍 2023 年北京市的廉租房申请条件。

① **户籍限制:** 廉租房申请人户籍登记地在本区,取得本市户籍满 5 年的方可申请。也就是说外地人必须取得北京户籍并满 5 年才能申请廉租房。

② **年龄限制:** 单身(含离异不足 2 年的)申请人未满 35 周岁不可以申请,但经民政部门认定的社会救济、社会救助的孤儿除外。

③ **家庭年收入限制:** 申请廉租房的家庭上年月收入人均低于 580 元(连续 1 年);家庭人数为 1 人的,年收入要求低于 6960 元,家庭人数为 2 人的要求年收入低于 13920 元,申请家庭每增加 1 人,按增加 6960 元计算,依此类推。

④ **家庭总资产限制:** 申请廉租房的家庭人数为 1 人时要求家庭总资产低于 15 万元,家庭人数为 2 人时低于 23 万元,为 3 人时低于 30 万元,为 4 人时低于 38 万元,家庭总人数为 5 人及以上的,要求总资产低于 40 万元方可申请。

⑤ **家庭住房使用面积限制:** 无房户或者拥有私有住房和承

租公有住房的，家庭住房人均使用面积应低于7.5平方米，而且申请人和家庭成员5年内未出售或者转让过房产。

⑥ **特殊情况：**被拆迁、有特殊病人员、重残人员、年龄在60岁及以上人员、被确定为解危排险范围内房屋的居民。

⑦ **其他：**申请楼房配租的家庭人口应当在2人以上。

061 申请廉租房时需要什么材料？

① 申请家庭推举一名具有完全民事行为能力的家庭成员作为申请人，向户口所在地街道办事处或乡镇人民政府提出申请，并提交以下申请材料及复印件，所需复印件一式三份：

a. 申请人及家庭成员身份证、户口簿；

b. 已婚家庭成员的婚姻证明，离异的提供离婚证；

c. 居住地住房情况证明（《房屋租赁合同》《房屋所有权证》或房屋产权单位的证明）；

d. 按要求填写并经有关部门认定的《核定表》(须提供原件)；

e. 低保和优抚家庭提供民政部门核发的低保或优抚证明；

f. 原住房拆迁的家庭须提供拆迁补偿协议；

g. 需要提供的其他证明材料。

② 申请廉租房实物配租的家庭，需同时提交以下相应材料：

a. 重残家庭须提供残联出具的重残证明；

b. 有患大病成员家庭须提供医疗机构出具的大病诊断书；

c. 居住危房的家庭须提供由房屋安全鉴定机构出具的危险房屋鉴定书。

注：申请家庭须做出声明，同意市区（县）住房保障管理部门向其他有关政府部门（如工商、税务、交通等）、公/私营机构（如银行、证券交易所、车辆管理所等）或其工作单位调查其家庭收入、住房、资产等情况，并索取相关证明。

062 廉租房的申请流程是什么？

① 户主向户口所在地街道办事处或者镇人民政府提出书面申请。

② 街道办事处或者镇人民政府应当自受理申请之日起30日内，就申请人的家庭收入等事项进行审核。

③ 审核过后，提出初审意见并张榜公布，将初审意见和申请材料一并报送市区（县）人民政府建设（住房保障）主管部门。

④ 建设（住房保障）主管部门应当自收到申请材料之日起15日内，就申请人的家庭住房状况是否符合规定条件提出审核意见，并将符合条件的申请人的申请材料转同级民政部门。

⑤ 民政部门应当自收到申请材料之日起15日内，就申请人的家庭收入是否符合规定条件提出审核意见，并反馈同级建设/住房保障主管部门。

⑥ 经审核，家庭收入、家庭住房状况符合规定条件的，由建设（住房保障）主管部门予以公示，公示期限为15日；对经公示无异议或者异议不成立的，作为廉租住房保障对象予以登记，书面通知申请人，并向社会公开登记结果。

下面以北京市为例，简单介绍一下廉租房的申请流程。

① **提出申请：** 由北京廉租房申请人（户主）持有关文件到户籍所在地街道办事处提出北京廉租房申请。

② **受理、配租。**

a.由北京廉租房申请人户籍所在地的街道办事处受理申请，领取填写《北京市城市居民廉租住房家庭情况核定表》，相关单位盖章。

b.街道办事处受理申请（5日内），并对申请家庭入户调查，进行评议。

c. 街道组织在申请人户口所在地、居住地、工作单位初审公示（10日），街道乡镇提出初审意见、配售方案（2个工作日）。

d. 区县相关部门复审申请资料、确定配售方案（5个工作日），公示（5日）。

e. 市住房保障部门备案（2个工作日）。

f. 若符合条件，则进行摇号配租配售。

g. 摇中，进行配租北京廉租房；未摇中，继续轮候或取消资格。

③ **审核配租管理**。

a. 租房补贴。

已确定为租房补贴的家庭应在6个月内落实租赁房屋，并与房屋出租人签订《北京市城市廉租住房租赁合同——租房补贴协议》，报住保办备案后，区（县）住房保障管理部门向房屋出租人发放《北京市廉租住房租房补贴发放通知单》，房屋出租人持通知单和身份证件到住房办指定的地点按月领取北京廉租房补贴资金。

b. 实物配租。

区（县）住房保障管理部门确定配租家庭数量，根据配租住房面积（户型）将申请家庭分成不同组别，并根据申请家庭的住房困难程度等因素进行排队，确定参加摇号的家庭范围。区（县）住房保障管理部门向选中家庭发放《北京市廉租住房实物配租摇号结果通知单》。申请家庭选房确认后，区（县）住房保障管理部门为选房家庭发放《北京市廉租住房实物配租通知单》。

063 什么是房改房？

房改房又可以叫作已购公房，是指享受国家房改优惠政策的住宅，属于部分产权。即居民将现住公房以标准价或成本价扣除折算后（旧住宅还要扣除房屋折算）购买的公房。房改房又分为成本价、标准价（优惠价）、央产房等类型，每种类型的房屋交易方式都有所不同。

064 房改房上市证的办理流程是什么？

通常出售给职工的房改房要在居住若干年之后才能上市交易，而且必须符合某些规定的条件，例如补交相关差价和税费。

房改房要想上市交易就必须办理上市证，在办理上市证时有一套固定的流程，具体如下。

① 申请人到户口所在地的房管局的房改办政策法规科领取《房改房上市交易申请表》并如实填写相关内容。

② 申请人填写好申请表后，要到房屋的原产权单位盖章并领取《职工个人住房档案建档登记表》以及《房改出售公有住房完全产权评估价核定表》。

③ 持单位盖章的相关申请表到市房产局公房科盖章，这个阶段大约需要 10 个工作日的时间。

④ 完成后，带齐上述三张表格及房改房相关资料回到房改办，需要带的资料有：房屋所有权证、国有土地使用证、房屋所有权人及配偶身份证、户口簿、结婚证等需要查看原件及留复印件 2 份；夫妻离异的提供财产分割协议书，夫妻一方已故的提供财产分割兑证书，未婚的提供未婚证明原件。

⑤ 用以上资料在房改办填写《房改房上市交易备案表》，即上市证，至此，买卖双方就可以径直去交易中心办理新的产权证了。

065 什么是集资房？

集资房是改变住房建设由国家和单位统包的制度，实行政府、单位、个人三方面共同承担，通过筹集资金建造的房屋。职工个人可按房价全额或部分出资、信贷、建材供应、税费等方面给予部分减免。

温馨小贴士

集资所建住房的权属，按出资比例确定。个人按房价全额出资的，拥有全部产权，个人部分出资的，拥有部分产权。

066 什么是回迁房？

回迁房就是房地产开发商征收土地时，补偿给回迁居民的房屋。每一个楼盘基本都有回迁房，一般回迁房的售价都普遍低于商品房的售价。回迁房与商品房一样，都有房屋所有权证，有房屋所有权证的回迁房是可以上市交易的。没有房屋所有权证的，回迁户手持的是购房合同，无法上市交易。回迁房都比商品房要便宜，相比来说，买回迁房比较划算。

067 什么是平价房？

平价房是指以成本加上 3% 的管理费作为销售价格向大多数中低收入家庭提供的住宅。

平价房是根据国家安居工程实施方案的有关规定，以城镇中、低收入家庭住房困难户为解决对象，通过配售形式供应、具有社会保障性质的经济适用房。其建房土地由政府划拨，配售对象及配售价格由政府管理部门审核认定。

068 什么是限价房？

限价房即限价商品住房，又被称为限房价、限地价的"两限"商品房，这种商品房还限制户型。它是国家为了解决中等收入家庭的住房困难并限制目前的高房价而推出的一种临时性举措，它并不属于经济适用房。

069 哪些家庭可以优先购买限价房？

以北京市为例进行介绍。

① 解危排险、环境整治、文保危改、城中村整治、奥运工程及其配套设施等重点项目所涉及的北京市被征地、拆迁家庭可以优先购买。

② 已经取得经济适用房购买资格的家庭如果放弃购买资格，则可以申请购买"中低价位、中小套型普通商品房"。

③ 家庭成员中有 60 周岁（含 60 周岁）以上的老人、身患严重残疾的人、患有大病或是做过重大手术的人、有优抚对象的家庭可以优先购买。

070 什么人能购买限价房？

全国各个城市购买限价房的标准不太一样。根据《北京市人民政府关于印发〈北京市限价商品住房管理办法（试行）〉的通知》的有关规定，申请购买限价商品住房的家庭准入标准及已购限价商品住房上市交易补交比例如下。

① 根据信息公开，2011年北京市城八区申请购买限价商品住房家庭年收入、人均住房使用面积及家庭总资产净值须符合以下标准。

家庭人口	家庭年收入	人均住房使用面积	家庭总资产净值
三人及以下	8.8万元及以下	15平方米及以下	57万元及以下
四人及以下	11.6万元及以下	15平方米及以下	76万元及以下

② 购买限价商品住房的准入标准实行动态管理，根据居民收入、住房及房价等情况对准入标准进行调整并公布。各远郊区县可参照通知，结合各区县实际情况制定相应的准入标准。

③ 已购限价商品住房家庭取得契税完税凭证或房屋所有权证满5年后，可以按市场价出售所购住房，应按照市有关部门公布的届时同地段普通商品住房价格和限价商品住房价格之差的一定比例交纳土地收益等价款，交纳比例为35%。

071 申请限价房的具体程序是什么？

有很多人都希望能申请一套限价房，不用花大价钱也能解决自己的住房问题，但是很多人都不了解限价房的申请程序。

以北京市为例，简单介绍一下申请限价房的具体程序。

① **基本要求**：申请限价房的家庭凭如实填写的《北京市限价商品住房家庭资格核定表》（一式三份）向自己户口所在地的街道办事处或是乡镇人民政府提出申请。申请时应该同时提交以下材料的原件和复印件（复印件一式两份）：

a. 户口本和家庭成员身份证；

b. 家庭成员婚姻状况证明；

c. 现住房产权证明或租赁合同；

d. 家庭成员所在单位出具的收入、住房情况证明；

e. 其他需要提交的证明材料。

② **初审**：区房管局对申请家庭户籍、人口、住房等情况在5日内进行初审，对符合限价商品住房购买相关条件的，开具《家庭收入核查单》并交申请人。

③ **收入核查**：申请人持区房管局开具的《家庭收入核查单》及家庭成员收入证明材料，到户籍所在区民政部门进行收入核查。

④ **审核**：区房管局根据区民政部门送交的《家庭收入核查单》在5日内对申请人资格进行审核，经审核符合限价商品住房购买条件的，纳入公示范围。

⑤ **公示**：区房管局将申请人家庭人口、收入、住房等情况进行公示，公示期为10日。对公示核实不符合条件的，由区房管局书面通知申请人。

⑥ **发证**：公示无异议的，由区房管局向申请人开具《限价商品住房购买资格证明》，《限价商品住房购买资格证明》有效期为1年。申请人持《限价商品住房购买资格证明》、本人身份证及复印件到限价商品住房销售单位购买限价商品住房。

温馨小贴士

对于限价房，要优先保证中低价位、中小套型普通商品住房和廉租房的土地供应，其年度土地供应量不应低于居住用地供应总量的70%，限价商品房拥有和普通商品房同样的产权。

072 限价房可以买卖吗？

限价房也是一种商品房，只要是商品房就是可以出售的。但是按照国家的相关规定，限价房的买卖是有一定限制条件的。以北京市为例，在购买限价房后的5年之内不能转让，5年之后才可以上市交易，而且这所谓的5年必须是取得房产证或是契税完税证明满5年。此外，限价房只能买卖，不能继承和赠与。

除此之外，房主在出售限价房时，如果获得这套房产还不满5年，但是又确实需要转让房产，则必须向自己所在地的房屋保障部门申请回购，回购价格按原价格并考虑折旧和物价水平等因素确定。满5年转让限价房，要按照当时同地段普通商品房和限价房差价的一定比例，向国家缴纳土地收益价款，目前规定缴纳的收益金比例为35%。

073 什么是经济适用房？

经济适用房是指已经列入国家计划，由城市政府组织房地产开发商或者集资建房单位建造，以微利价向城镇中低收入家庭出售的住房。它是具有社会保障性质的商品住宅。

特点	内容
经济性	住房的价格相对同期市场价格来说是适中的，适合中等及低收入家庭的负担能力
适用性	住房设计及其建筑标准上强调住房的使用效果，而非建筑标准

074 申购经济适用房需要满足什么条件？

经济适用房比较便宜，因此申请购买经济适用房需要符合一定的条件。由于全国的情况不同，具体条件也不同，以申请北京市经济适用房条件为例，介绍如下。

① **申请主体：** 具有本市城镇户籍时间满3年，年满18周岁；单人家庭申请人需年满30周岁；申请家庭人均住房面积、家庭收入及资产符合政府规定标准。

② **申请标准。**

家庭人口	家庭年收入	人均住房使用面积	家庭总资产净值
一人	22700元及以下	10平方米	24万元及以下
两人	36300元及以下	10平方米	27万元及以下
三人	45300元及以下	10平方米	36万元及以下
四人	52900元及以下	10平方米	45万元及以下
五人	60000元及以下	10平方米	48万元及以下

075 购买经济适用房需要哪些申请材料？

① **基本材料：** 按照国家相关法律法规的要求，根据个人的实际情况填写的《个人购买经济适用住房申请审批表》以及身份证、户口本、结婚证，丧偶的需要提供相关证明，已经离婚的需要提供离婚证以及未成年子女抚养证明。

② **住宅材料：** 申请人要提供自己户籍所在地以及实际居住地的现有住房情况的证明、与申请人合并计算年收入以及人均住房建筑面积的直系亲属所拥有的其他房产证明，有工作单位的还要提供单位是否分配住房的证明。

③ **收入材料：** 申请人提供自己以及与自己合并计算年收入和人均住房建筑面积的直系亲属上一个年度的收入证明（这里所说的收入应该包含基本工资、各类补贴或是其他收入）。收入证明应该由申请人和直系亲属所在的工作单位提供；如果没有工作单位，则需要到户口所在地的社区居委会和街道办事处办理书面证明；上一年度个人所得税纳税证明或是工作单位代扣代缴凭证；没有就业的，提供失业证或其他相关证明；个体工商户需要提供营业执照、上一年度个人所得税及相关税收缴纳凭证。

076 申购经济适用房的具体流程是什么？

以北京市为例，简单介绍一下申请购买经济适用房的具体流程。

① **申请：** 经济适用房申请者持本人及配偶身份证、户口本、结婚证原件及复印件向户口所在地街道办事处或乡镇政府提出申请，领取并填写《经济适用住房申请审批表》。

② **初审：** 街道（乡镇）受理申请，并组织对申请家庭入户调查，组织评议。组织在申请人家庭户口所在地、居住地及工作单位进行公示并提出初步配租意见。

③ **复审：** 区（县）住房保障管理部门组织对申请资料的复审，符合条件的，确定配租方案，报市住房保障管理部门备案。

④ **备案：** 市住房城乡建设委对区（县）住房保障管理部门上报的申请家庭材料进行复核，符合条件的，市住房城乡建设委予以备案。

> **温馨小贴士**
>
> 需要注意的是，近年来对经济适用房的申请管理日渐严格，对提供虚假信息的经济适用房申请者的处罚力度大大增强。

077 出售经济适用房需要注意什么？

业主想出售已经购买的经济适用房时，通常按以下两种情况来处理。

① **出售住满 5 年的经济适用房。**

首先，住满 5 年是以购房家庭取得契税完税凭证的时间或是以经济适用房房屋所有权证的发证时间为准。

业主出售经济适用房时,可以按照房屋的市场价出售,但是房屋出售后业主需要将房屋成交额按规定向政府补交土地收益等价款。

比如一套80平方米的经济适用房,买的时候是4000元/平方米,卖的时候是5000元/平方米,按照10%的比例计算,则业主需要补交的价款就是5000元/平方米×80平方米×10%=40000元。

温馨小贴士

业主出售经济适用房时,需凭契税完税凭证、房屋所有权证、住房转让合同等证件,到房屋所在地的国土资源和房屋管理局办理交易、产权过户。需要注意的是,按照市场价格出售经济适用房后,业主就不能再次购买经济适用房和其他保障性住房。

② **出售未住满5年的经济适用房。**

国家相关政策规定,出售未住满5年的经济适用房时,不能按市场价格出售,因此出售这类经济适用房的业主只能以不高于购买时的单价出售,并且只能出售给符合经济适用房购买条件的家庭,或是由政府相关部门收购。

078 如何购买二手经济适用房?

购买二手经济适用房时通常有两种情况,一种是购买已经住满5年的经济适用房,另一种是购买还没有住满5年的经济适用房。

① **购买已经住满 5 年的经济适用房。**购买此类经济适用房不需要符合购买经济适用房的特殊条件，任何人群都能购买。购买此类二手经济适用房除正常缴纳 1.5% 的契税、5% 的印花税外，不需要再缴纳成交价 3% 的土地出让金。

② **购买未住满 5 年的经济适用房。**以北京市为例，购买此类已购经济适用房的购房人，首先必须满足普通经济适用房的购买条件，即购买者必须具备北京市常住户口，家庭年收入在人民币 6 万元以下。符合此购买条件的购房人还需要办理经济适用房购买资格审核手续。

已购买的经济适用房超过核定最高购房总价标准以外部分，需补交 10% 的综合地价款并且所购房屋仍按经济适用房产权管理。

若购房人所购买的房价已超过了审核的购房标准，超出部分则需要补交 10% 的综合地价款。

购房人凭补交 10% 的综合地价款后的缴款通知书、缴款收据、《北京市城镇居民购买经济适用住房家庭住房和收入核定表》等证件到房屋所在地国土资源和房屋管理局办理交易、产权过户手续。

079 什么是安居房？

安居房是国家为了实施"安居(或康居)工程"而建设的住房，属于经济适用房的一类，是国家安排贷款和地方自筹资金建设的面向广大城镇中低收入家庭，特别是人均居住面积在 4 平方米以下的特困户以及无房、危房户提供的以成本价为销售价格、由政府补贴的非营利性住房。

安居房的成本价包括征地和拆迁补偿费、建筑安装工程费、住宅小区基础设施建设费。符合购买条件的购房者可以直接按安居房的成本价购买，也可以按职工当年配置公房的价格购买，但是其中的差价要由职工所在的单位承担，或是由家庭成员各自的单位一起协商承担。

080 申请安居房有什么条件？

各个城市申请安居房的条件都有所不同，以深圳市为例进行说明。

深圳市安居房申请条件一：购房申请人必须符合以下要求之一。

① 购房申请人需具有深圳市常住户籍；结婚后，夫妻双方均具有深圳市常住户籍。

② 年满35周岁的单身职工，具有深圳市常住户籍。

③ 有深圳市常住户籍的军人与烈士的配偶。

④ 有深圳市常住户籍的单亲家庭的子女。

⑤ 其他由政府法规规章政策规定的条件。

深圳市安居房申请条件二：具备以上其中的一项，在申请深圳市安居房时，申请人夫妻双方必须在深圳市没有购买过任何住宅，同时在深圳市也没有自建私房或私人住宅用地；没有领取过未购房住房补贴等。

深圳市安居房申请条件三：如购房申请人常住户籍迁入深圳市，应按照深圳市当时所公开出售安居房申请条件规定的时间。

深圳市安居房申请条件四：购房申请人家庭必须年收入不得高于深圳市当时所公开出售安居房申请条件规定的家庭年收入标准。

081 申请安居房需要什么流程？

安居房申请流程如下：

① 申请人在规定时间内持身份证向有关部门提交《安居型商品房申请表》，并提交规定材料；

② 市住房保障部门会同市规划国土部门、市人力资源保障部门在 30 个工作日内对申请人、共同申请人享受本市住房优惠政策情况、本市住房情况、缴交医疗保险情况进行核查；

③ 审核合格的，在市政网站公示 15 日；

④ 公示期满无异议或异议不成立，按安居房申购轮候规则列入轮候册进行轮候，轮候信息应当公开；

⑤ 轮候到位的申请人在规定的时间到市住房保障部门选择住房后，市住房保障部门向申请人出具审核合格意见，并将审核合格名单抄送市地产登记机关；

⑥ 申请人持审核合格意见与建设单位签订安居型商品房买卖合同；

⑦ 建设单位办理安居型商品房初始登记后，协助申请人办理政策性住房（绿皮）房地产证；

⑧ 未选房、未签合同的，按规定重新轮候，轮候在后的申请人依次递补。

法律依据：《中华人民共和国民法典》第二百一十条规定，不动产登记，由不动产所在地的登记机构办理。国家对不动产实行统一登记制度。统一登记的范围、登记机构和登记办法，由法律、行政法规规定。

082 安居房可以买卖吗?

凡是已经领取了安居房房地产证的业主都可以在征得原产权单位同意后向市房改办申请取得安居房全部产权,换领市场商品房(红皮)房地产证。办理了这些手续后,安居房即成为市场商品房,可以进入市场交易。

以深圳市为例,介绍关于买卖安居房方面的一些规定。

深圳市的安居房是可以自由买卖的,但必须是获得全部产权的安居房。安居房的买卖合同签订10年之后,安居房的产权所有人才可以在征得原产权单位的同意后,向深圳市房改办申请取得房屋的完全产权,换取市场商品房房地产证。办理了这些手续后,安居房就变成了完全的商品房,业主依法享有房屋的占有、使用、收益和处分权,该房屋可以自由地进入市场交易。

如果签订的安居房买卖合同还不满10年,那么其拥有者获得的只是有限产权,是不能进入市场直接交易的。

另外,在10年限制产权期限内,深圳市需要转让的安居房实行的是政府收购制度,有下列情形之一的应当向深圳市住房保障部门申请政府收购自己的安居房:

① 已经购买了一居室安居房的单身居民需要结婚,可以申请政府收购自己的安居房,然后再换购一套较大户型的安居房;

② 户口迁出深圳市的;

③ 经济条件好转,想要换房的;

④ 因人民法院强制执行而需要处置名下的安居房的;

⑤ 因银行要实现抵押权而处置安居房的。

083 什么是"小产权房"?

"小产权房"不是法律概念,而是人们在社会实践中形成的一种约定俗成的称谓。所谓"小产权房"是指在农民集体土地上建设的房屋,未缴纳土地出让金等费用,其产权证不是由国家房管部门颁发的,而是由乡政府或村政府颁发的,所以叫作"乡产权房",又叫"小产权房"。乡镇政府发证的所谓小产权房产,实际上没有真正的产权。这种房屋没有国家发的土地使用证和预售许可证,对于购房合同,国土房管局也不会给予备案。其所谓的产权证也不是真正合法有效的产权证。

084 什么是学区房?

学区房从某种意义上来说是我国房地产市场的一个衍生品,同样也是我国现行教育体制下的一个独特的现象。

我国的城市在小学入学政策上采取的是就近免试入学,因此国家对于哪条街道、哪栋楼房里的孩子能够进哪一所学校都有一个明确的划分,而那些重点小学划片范围内的房子就受到了广大家长的追捧,因为只要有这样一套房子,自己的孩子就能进入重点小学学习。于是大家想方设法要购买这样一套房子,这些重点小学划片范围内的房价也就一直上涨。因为这些房子位于某一个学区,所以就被称为学区房。

085 什么是底商？

底商具体指住宅的一层和二层。通常来说，一般住宅（特别是高层住宅）的第一层和第二层因户型、位置的原因而比较难销售，其价位也较其他楼层低。这个时候，房地产开发商就会把它们改成商业性质的房产，因拥有大量稳定的客户和齐全的商业配套设施，所以价格反而会高一些。

底商按照服务对象可以分为以下两类。

服务小区内部	主要是为小区内部的居民服务。在设定上要看小区业主的消费档次、消费需求、消费心理、生活习惯。店面投资风险小，资金回笼也比较快
服务小区外部	不仅包括小区内部的居民，也包括小区外部的客源。在设定上应考虑周边商业情况、街区功能来确定底商功能，这样的商铺应位于交通便利的商业中心

底商按照市场理念可以分为以下三类。

概念型底商	概念型底商，指房地产开发商在开发过程中，注重突出项目的概念和主题包装。不过，为底商做主题包装只是第一步，后期对主题概念的实施和控制更加重要。新颖的主题包装无疑为项目增色不少，但绝不应是房地产开发商的制胜法宝
潜力型底商	潜力型底商，指具有巨大市场潜力的底商项目。相对于借助炒作概念而走俏市场的概念型底商项目而言，某些底商无须炒作也能热销。但是，投资者要正确评估自身承受能力，在核算回报率时应充分考虑时间因素
商圈型底商	商圈型底商，指已经形成一定的商业氛围，拥有大量的、稳定的消费群体的底商项目。凭借有利位置，抓住市场需求点，部分底商项目尽管价格不菲但仍能创造佳绩

086 什么是商铺？

商铺是专门用于商业经营活动的房地产，是经营者为业主提供商品交易、服务及感受体验的场所。广义的商铺，其概念范畴不仅包括零售商业，还包括娱乐业、餐饮业、旅游业所使用的房地产，营利性的展览馆厅、体育场所、浴室，以及银行、证券等营业性的有建筑物实物存在的经营交易场所。

087 如何计算商铺投资回报率？

① **商铺回报率。**

一般出租商铺投资回报率＝年租金/总房款×100%。

一般售出商铺投资回报率＝（售出价－购入价）/购入价×100%。

在实际操作过程中，出租商铺投资回报率要考虑到实际收益，比如进场费等其他收益综合。而对于售出商铺投资回报率也要考虑到租金收益和实际支出的持有期间的供楼利息成本、本金收益及进场费等收益与支出。

② **租金回报率法。**

公式：（税后月租金－按揭月供款）×12/（首期房款＋期房时间内的按揭款）。

优点：考虑了租金、价格和前期主要投入，比租金回报率分析法适用范围广，可估算资金回收期长短。

缺点：未考虑前期的其他投入、资金的时间效应；不能解决多套投资的现金分析问题；而且由于其固有的片面性，不能作为理想的投资分析工具。

③ **租金回报率分析法。**

公式：（税后月租金－每月物业管理费）×12/购买房屋总价，这种方法算出的比值越大，就表明越值得投资。

优点：考虑了租金、房价及两种因素的相对关系，是选择"绩优地产"的简捷方法。

缺点：没有考虑全部的投入与产出，没有考虑资金的时间成本，因此不能作为投资分析的全面依据。对按揭付款不能提供具体的分析。

④ **内部收益率法。**

房产投资公式：累计总收益/累计总投入＝月租金 × 投资期内的累计出租月数/（按揭首期房款＋保险费＋契税＋大修基金＋家具等其他投入＋累计按揭款＋累计物业管理费）＝内部收益率（上述公式以按揭为例，未考虑付息、未考虑中介费支出，累计收益、投入均考虑在投资期范围内）。

优点：内部收益率法考虑了投资期内的所有投入与收益、现金流等各方面因素。可以与租金回报率结合使用。内部收益率可理解为存银行，只不过我国银行利率按单利计算，而内部收益率则是按复利计算。

不足：通过计算内部收益率判断物业的投资价值都是以今天的数据为依据推断未来，而未来租金的涨跌是个未知数。

⑤ **简易国际评估法。**

公式：如果该物业的年收益 ×15 年 = 房产购买价，则认为该物业物有所值。这是国际上专业的理财公司评估一处物业的投资价值的简单方法。

088 什么是别墅？

别墅通常是一栋独立建筑或由多栋建筑组成的住宅。别墅设有私家花园，占地面积较大。从建筑形式上看，别墅的外观形状早已打破地域和国家界限，世界各国优秀的别墅建筑风格在中国的别墅市场上几乎都有所体现。按别墅的建筑形式可以分为：独栋别墅、双拼别墅、联排别墅、叠拼别墅、空中别墅。

独栋别墅	即独门独院，上有独立空间，下有私家花园领地，是私密性强的单体别墅，其上下、左右、前后都属于独立空间，一般房屋周围都有面积不等的绿地、院落。此类型是别墅历史中最悠久的一种，市场价格较高，也是别墅建筑的终极形式
双拼别墅	它是联排别墅与独栋别墅之间的中间产品，是由两个单元的别墅拼联组成的单栋别墅，降低了社区密度，增加了住宅采光面，使其拥有更宽阔的室外空间。双拼别墅基本是三面采光，外侧的居室通常会有两个以上的采光面，一般来说，窗户较多，通风不会差，重要的是采光和观景
联排别墅	有自己的院子和车库。由三个或三个以上的单元住宅组成，一般二至四层，单元共用外墙，有统一的平面设计和独立的门户。联排别墅是大多数经济型别墅采取的形式之一
叠拼别墅	它是联排别墅的叠拼式的一种延伸，介于别墅与公寓之间，是由多层别墅式复式住宅上下叠加在一起组合而成的。一般四至七层，由每单元二至三层的别墅户型上下叠加而成。叠拼别墅与联排别墅相比，独立面造型可丰富一些，同时在一定程度上克服了联排别墅窄进深的缺点
空中别墅	空中别墅起源于美国，称为"空中阁楼"，原指位于城市中心地带，高层顶端的豪宅。一般理解是建在公寓或高层建筑顶端具有别墅形态的大型复式住宅或跃式住宅。要求产品符合别墅全景观的基本要求、地理位置好、视野开阔、通透等

089 什么是央产房？

央产房的全称是中央在京单位已购公有住房。国家允许上市交易的央产房是指某些中央在京单位的职工按照房改成本价或是标准价购买的央产房，属于国家发证的70年大产权房，中央企事业单位没有回收资格。

此外，职工根据国家的相关政策按照房改成本价或是标准价购买的中央在京单位所建设的安居工程住房和集资合建住房，也被看作是已经购买的公有住房。

090 央产房的交易流程是什么？

① **填表：** 央产房的业主领取并填写《中央在京单位已购公房上市出售登记表》，然后将该表上交到央产房交易办公室审核（可以自己办，也可以由指定的经纪公司代办）。

② **委托、交易：** 业主可以自己寻找买家，也可以委托经纪公司寻找买家。

③ **签合同：** 出售方与买方签订《北京市房屋买卖合同》。

④ **办理手续：** 买方办理银行按揭手续，办理房产评估并缴纳评估费。

⑤ **签单据：** 买卖双方自行或是在中介公司的陪同下进行水电、煤气等物业费的交验，同时签订《物业交割单》。

⑥ **过户：** 办理权证过户，买方缴纳税费，领取新的房屋产权证。

⑦ **取款：** 银行放贷，出售方领取房款。

091 央产房上市的前提是什么？

根据国家的相关规定，央产房是可以上市交易的，但是必须满足以下几个条件。

① **建立档案：** 房屋的原产权单位已经建立了住房档案，而且一定要在央产房交易中心建档备案。

② **相关证件：** 已经取得了房屋产权证。

③ **房源要求：** 房屋不属于国家安全、保密单位等特殊部门的住房，不属于党政机关、科研部门以及大专院校等单位在机关办公、教学、科研区域内的住房。

④ **超标处理：** 房屋存在超标情况，但是在原产权单位已经做过超标处理。所谓超标处理，即超出面积能分割退回的，必须退回原产权单位，如果不能分割退回，则需要补交超标款。

除了符合上面所提到的条件外，在交易央产房的过程中还要注意以下四点。

① 出售房屋时，出售人应该提交与原产权单位签订的公有住房买卖合同，没有办法提交公有住房买卖合同的可以将房改房的档案资料或是原产权单位出具的证明作为依据。

② 房屋的原产权单位一定要出具物业费、供暖费结清证明，否则没有办法办理过户手续。

③ 出售人需要填写《中央在京单位已购公房上市出售表》，产权人签字盖章后，才可以办理过户手续。

④ 购买央产房时尽量不要一次性付全款，而是在各种房屋转让手续办理结束后再付全款。

第三章 住宅种类

房子的质量问题可能有很多,作为购房者,懂得住房种类将对购房起到辅助作用。了解住房种类可以让购房者明白什么样的房子安全性最好、什么样的房子隔音效果最佳、什么类型的房子住起来冬暖夏凉等。

092 住宅的种类有哪些?

种类划分	内容
按照房屋的政策属性分类	主要分为廉租房、经济适用房、房改房、集资房、商品房等
按照房屋的户型分类	主要分为普通单元式住宅、公寓式住宅、复式住宅、跃式住宅、花园洋房式住宅、小户型住宅等
按照楼体的建筑形式分类	主要分为低层住宅、多层住宅、中高层住宅、高层住宅、超高层住宅、其他形式住宅等
按照楼体的结构形式分类	主要分为砖木结构、砖混结构、钢混框架结构、钢混剪力墙结构、钢混框架剪力墙结构、钢结构等

093 什么是低层住宅?

低层住宅一般指一至三层的住宅,与较低的城市人口密度相适应,多存在于城市郊区和小城镇。

低层住宅最具有自然的亲和性(其往往设有住户专用庭院),适合儿童或老人的生活,住户间干扰少,有宜人的居住氛围。这种住宅虽然为居民所喜爱,但受到土地价格与利用效率及配套设施、规模、位置等客观条件的制约,在供应总量上有限。

094 什么是多层住宅？

多层住宅主要借助公共楼梯垂直交通，是一种最具有代表性的城市集合住宅。它与中高层（小高层）和高层住宅相比，有一定的优势和不足。

多层住宅的优势	多层住宅的不足
（1）在建设投资上，多层住宅不需要像中高层和高层住宅那样增加电梯、高压水泵、公共走道等方面的投资 （2）在户型设计上，多层住宅户型设计空间比较大，居住舒适度较高 （3）在结构施工上，多层住宅通常采用砖混结构，因而多层住宅的建筑造价一般较低	（1）底层和顶层的居住条件不算理想，底层住户的安全性、采光性差，卫生间易溢粪返味；顶层住户因不设电梯而上下不便，此外屋顶隔热性、防水性差 （2）难以创新。由于设计和建筑工艺定型，使得多层住宅在结构、建材选择、空间布局上难以创新，形成"千楼一面，千家一样"的弊端，如果要有所创新，需要加大投资，但会失去价格方面的优势。多层住宅的平面类型较多，基本类型有梯间式、走廊式和独立单元式

095 什么是小高层住宅？

一般而言，小高层住宅主要指7~10层高的集合住宅，从高度上说具有多层住宅的氛围，但又是较低的高层住宅，故称为小高层住宅。市场推出的这种小高层住宅，似乎是走一条多层与高层的中间之道，这种小高层住宅较之多层住宅有它自己的特点。

① **容积率高：** 建筑容积率高于多层住宅，节约土地，房地产开发商的投资成本较多层住宅有所降低。

② **结构多样：** 这种小高层住宅的建筑大多采用钢筋混凝土结构，从建筑结构的平面布置角度来看，则大多采用板式结构，在户型方面有较大的设计空间。

③ **舒适感强：** 由于设计了电梯，楼层又不是很高，因此增加了居住的舒适感，但由于容积率的限制，小高层住宅的价格一般比同区位的高层住宅高，这就要求房地产开发商在提高品质方面花更多的心思。

096 什么是塔式住宅？

高层独立单元式住宅又称塔式住宅，是指一栋或几栋塔形的独立住宅，其具有与多层独立单元式住宅相似的优点。但由于设置了电梯，服务户数比较多，提高了经济性。其平面布局因地区差异而形成不同的轮廓。如南方地区夏季炎热，往往采用十字、井字形平面，以其凹口解决通风问题；北方则更强调日照，要求每户都有较好的朝向。此外，10层以上的塔式住宅还要求设消防电梯，12层以上则需设两部电梯。

097 什么是塔式高层住宅？

塔式高层住宅就是以共用楼梯、电梯为核心布置多套住房的高层住宅。塔式高层住宅的优点是方便电梯成组布置，有利于大家共享电梯资源，而且阴影面积比较窄，有利于后楼采光。

098 什么是板楼？

板楼是对相同建筑结构的建筑物的称呼。因为这种建筑物的平面布局中各户大多以横向并排布置，因此建成后的建筑物呈板状，被称为板楼。

通常板楼的建筑层数不会超过12层。在板楼的平面图上，长度明显大于宽度。板楼基本有两种类型：一种是单元式拼接，把若干个单元连在一起就拼成了一栋板楼；另一种是走廊式的，每个住户依靠长廊联系在一起。

温馨小贴士

现在高品质的板楼全部采用板式结构，让电梯与楼道位于后立面，居室位于朝阳的一面。比较典型的是一梯两户式的设计，南北朝向的房子，位于前面的客厅和主卧都能享受充足的光照；东西朝向的房子，前后居室各有半天的朝阳面。

099 板楼的优点有哪些?

① **住户拥有很高的使用率。** 板楼户型的使用率通常都能达到 90% 以上,而塔楼户型的使用率通常只有 75%。

② **南北通透,方便采光通风。** 板楼的住宅大都是正南、正北方向,进深在 15 米左右,南北通透,便于室内采光通风,而且户型方正,平面布局也非常合理,每个房间的空间比较适宜。

③ **板楼的户型优势差距不大。** 整栋板楼中各套户型的优势差距很小,不存在全部朝北的户型难以处理。由于住户不多,所以居民的生活比较宁静。

④ **管理成本不高。** 板楼的管理成本普遍比塔楼低,多层板式住宅可以不用设置电梯和变频供水系统。

100 板楼的缺点有哪些?

① **板楼的户型格局不宜改造。** 以砖混结构的板楼为主,户内的多数墙体起承重作用,不可以发生变化,这一点就不如塔楼的改造性强。

② **板楼的住宅建筑密度比较低,所以房价比较高。** 板楼的社区大都属于低层、低密度社区,容积率比较低。尽管住着很舒服,但是房价会比较高,特别是在寸土寸金的城市里。因此,现在城市里住宅的主流是塔楼,为数不多的板楼并不是收入不多的工薪阶层所能消费得起的。

101 什么是高层住宅?

高层住宅是城市化、工业现代化的产物,依据外部形态可将其分为塔楼和板楼。

高层住宅内部空间的组合方式主要受住宅内公共交通系统的影响,按住宅内公共交通系统分类,高层住宅分为单元式和走廊式两大类,其中单元式又可分为独立单元式和组合单元式,走廊式又分为内廊、外廊式和跃廊式。

高层住宅的优点	高层住宅的缺点
高层住宅土地使用率高,有较大的室外公共空间和设施,眺望性好,建在城区具有良好的生活便利性,对买房人有很大吸引力	高层住宅,尤其是塔楼,在户型设计方面增大了难度,在每层内很难做到每个户型设计的朝向、采光、通风都合理。同时,高层住宅投资大,建筑的钢材和混凝土消耗量都高于多层住宅,而且要配置电梯、高压水泵,增加公共走道和门窗。另外,还要从物业管理收费中为修缮维护这些设备付出经常性费用

102 什么是超高层住宅?

超高层住宅多为30层以上。超高层住宅的楼地面价最低,但其房价却不低,这是因为随着建筑高度的不断增加,其设计的方法理念和施工工艺较普通高层住宅和中、低层住宅会有很大的变化,需要考虑的因素会大大增加。例如,电梯的数量、消防设施、通风排烟设备和人员安全疏散设施会更加复杂,同时其结构本身的抗震和荷载也会大大加强。

103 超高层住宅有什么优缺点?

超高层住宅的优点	超高层住宅的缺点
可以节约土地,增加住房和居住人口;因为超高层住宅的层高比较高,所以采光、通风和视野也会比较好	建筑成本高昂,并且日常管理成本也不低;由于层高较高,如果电梯出现故障,会导致出行不便

104 什么是外廊式住宅?

外廊式住宅在联排式低层住宅,多层、高层的板式住宅,以及"Y"字形、"工"字形的点式住宅中普遍采用。这类住宅的特点是在房间的一侧设有公共走廊,走廊端通向楼梯和电梯。外廊式住宅可分为长外廊和短外廊两种。长外廊第一楼层分为可闭式和敞开式两种。前者多在多层、高层住宅中使用,采用柱子和栅栏、玻璃等围护。

外廊式住宅的优点	外廊式住宅的缺点
分户明确,每幢或每套住房的公共走廊有一个出入口,每户均可获得较好的朝向,采光和通风较好	外廊作为公共交通走道,所占的面积较大,建筑造价较高;每户的门对着公共走廊,相互干扰较大

105 什么是内廊式住宅?

内廊式建筑设计多在早期的多层、高层住宅,以及大专院校的学生宿舍、工厂的集体宿舍和旅馆、酒店、医院病房中采用。内廊式住宅也有长内廊与短内廊之分：长内廊视住户多少，可设一部或两部楼（电）梯于内廊中部或两端；短内廊仅在一端设楼（电）梯。

内廊式住宅有一定的缺点：楼（电）梯服务的户数较多，各户只有一个朝向，而且由于两排房屋并列相对，无法打开门窗产生穿堂风，采光和通风都大大低于外廊式住宅；由于走廊内设，没有天然光照明，因此过于黑暗；各户之间共用走廊，户间干扰比外廊式住宅要大。

106 什么是跃廊式住宅？

跃廊式住宅采用小楼梯作为层间联系，从而克服了走廊式住宅层层设公共走道的缺点和局限性。

设户内楼梯而每户占两层的称为跃层式住宅；在户门外设两户或更多户合用小楼梯，每户只占一层的称为跃廊式住宅。由于公共走廊的减少，这类住宅常常会形成自己的独特立面形式。跃层式住宅有结构、设备管道较复杂，不适合中小户型布局等缺点，因此跃廊而不跃层的住宅应运而生。

某些高层板式结构的住宅，每三层平面中只设一个外廊，从外廊层再设小楼梯服务上层和下层的住户。一个小楼梯服务两户，每户只占一层。跃廊式住宅套型不大，上下厨卫管道对齐，面积比跃层式住宅经济。

107 什么是混合式住宅？

混合式住宅是指在一幢住宅建筑或一个住宅建筑群体中，将多种住宅类型结合在一起的住宅形式。例如，高层、多层或低层住宅的混合布局，走廊式、梯间式或跃层式的混合采用。

> **温馨小贴士**
>
> 混合式住宅反映出设计思路突破了住宅类型划分的束缚，在建筑布局上更加切合当时当地的建设条件，满足居民多种多样的使用要求，大大推进了建筑设计的多样化。例如，将塔式住宅与板式住宅结合在一起的塔板结构住宅等。

108 什么是独院式住宅？

独院式住宅是一种独户居住的单幢住宅，有独用的院子，居住环境安静，室外生活方便。由于建筑四面临空，平面组合灵活，内部各房间容易得到良好的采光和通风，居住舒适。像各种别墅和花园洋房都属于独院式住宅。

109 什么是并联式住宅？

并联式住宅一般由两户住宅并靠拼联组成。每户形成三面临空的独用庭院，既有独院式住宅的优点，又比独院式住宅节省用地。

二、三层并联式住宅一般每个单元的楼上和楼下归一户使用，但也有楼上和楼下分户居住的，前后小院可分户专用。

110 什么是联排式住宅？

联排式住宅一般由多个独户居住的单元拼联组成。各户在房前和房后都有专用的院子，供户外活动及家务操作之用。这类住宅的日照及通风条件都比较好。

二、三层联排式住宅一般每个单元的楼上和楼下归一户使用，但也有楼上和楼下分户居住的，前后小院则分户专用。联排式住宅的组合方式变化很多，有拼联成排的，也有拼联成团的。

111 什么是梯间式住宅？

梯间式住宅是指每个单元以楼梯间为中心布置住户，由楼梯平台直接进入分户门。住宅平面布置紧凑，住宅内公共交通面积小，户间干扰不大，相对比较安静，也能适用于多种气候条件。因此，它是种比较常见的类型。

> **温馨小贴士**
>
> 目前，梯间式住宅多采用大厅小室的设计方案，明厨、暗厕、南凹口、多层砖混结构，现已非常普遍。它的优点是平面布置紧凑，功能合理，交通路线简捷。当南北向布置时，两室套型、三室套型、一室套型各有两个、三个、一个房间向阳，使得家家有向阳房间，采光、通风良好。起居室一般达到15平方米，有南向大窗并和阳台连通，室内环境舒适。

112 什么是单元式住宅？

单元式住宅，是以一个楼梯为几户服务的单元组合体，一般被多、高层住所采用。单元式住宅的基本特点有以下几个。

① **中心点：** 每层以楼梯为中心，安排户数较少，一般为2~4户，采用大进深时每层可服务5~8户。住户由楼梯平台进入分户门，各户自成一体。

② **独立性：** 户内生活设施完善，既减少了住户之间的相互干扰，又能适应多种气候条件。

③ **标准化：** 建筑面积较小，户型相对简单，可标准化生产，造价经济合理。

④ **人性化：** 仍保留一定的公共使用面积，如楼梯、走道、垃圾道。保持一定的邻里交往，有助于改善人际关系。

113 什么是单元式高层住宅?

单元式高层住宅是由多个住宅单元组合而成,每个单元都设有楼梯、电梯的高层住宅。单元式高层住宅的优点是朝向好,通风好,缺点是住宅阴影面积太宽,不利于后楼采光。

114 什么是独立单元式住宅?

独立单元式(或称点式)住宅,是由数户围绕一个楼梯枢纽布置的单元独立建造的住宅类型。它四面临空,可开窗的外墙较多,有利于采光、通风。其平面布置灵活,外形处理的自由度也较大,易于与周边的环境相协调。每幢建筑的占地面积少,便于利用零星土地。

115 什么是复式住宅?

复式住宅一般是指每户住宅在较高的楼层中增建一个夹层,两层合计的层高要大大低于跃层式住宅(复式为3.3米,而一般跃层式为5.6米),其下层供起居用,如炊事、进餐、洗浴等,上层供休息、睡眠和贮藏用。

复式住宅的优点	复式住宅的缺点
(1)住宅平面利用系数高,通过夹层复合,可使住宅的使用面积提高50%~70%	(1)复式住宅面宽大、进深小,如采用内廊式平面组合,必然导致一部分户型朝向不佳,自然通风、采光较差
(2)户内隔层为木结构,将隔断、家具、装饰融为一体,既是墙,又是楼板、床、柜,降低了综合造价	(2)层高过低,如厨房一般只有2米的高度,长期使用易产生局促憋气的不适感;贮藏间较大,但层高一般只有1.2米,很难充分利用

续表

复式住宅的优点	复式住宅的缺点
（3）上层采用推拉窗户，通风采光好，与一般层高和面积相同的住宅相比，土地利用率可提高40%	（3）由于室内的隔断、楼板均采用轻薄的木隔断，木材的成本较高且隔音、防火性能差，房间的私密性、安全性较差

116 什么是错层式住宅？

错层式住宅是指不处于同一平面的房子，具体来说就是房间内的客厅、卧室、卫生间、厨房以及阳台分别处于几个高度不同的平面上。错层式住宅中的两个或三个楼面并不垂直相叠，而是互相以不等高形式错开，这种住宅的面积要参照平面住宅面积来计算。

117 什么是跃层式住宅？

跃层式住宅是指住宅占有上下两个楼面，对于卧室、起居室、客厅、卫生间、厨房及其他辅助空间，用户可以分层布置，上下层之间不通过公共楼梯而采用户内独用小楼梯连接。

跃层式住宅的优点：

① 每户都有较大的采光面，通风较好；

② 户内居住面积和辅助面积较大；

③ 布局紧凑，功能明确，相互干扰较小。

118 跃层式住宅主要有哪些类型？

类型	特点
首层跃层式住宅	相对于其他类型的跃层式住宅，首层跃层式住宅具有两个优势：一是可以拥有完全独立的出入口；二是可以获得房地产开发商赠送的室外花园
顶层跃层式住宅	顶层跃层可以增加顶层住宅的吸引力，也可以有效地增加小区住宅的容积率。除此之外，顶层跃层式住宅不会对整栋楼整体的空间布局和交通方式产生影响，其他层的住宅仍然可以按照标准层的规格设计建造
中间层跃层式住宅	它和顶层跃层式住宅最大的不同之处就是充分考虑到了上、下两层住宅的空间和整栋住宅楼的通行方式

119 什么是花园式住宅？

花园式住宅一般称西式洋房或小洋楼，也称花园别墅，一般都是带有花园草坪和车库的独院式平房或二、三层小楼，建筑密度很低，内部居住功能完备，装修豪华并富有变化。住宅内水、电、暖供给一应俱全，户外道路、通信、购物、绿化也都有较高的标准。

120 什么是退台式住宅？

退台式住宅又称为"台阶式"住宅，因其外形类似台阶而得名。这类住宅的建筑特点是住宅的建筑面积由底层向上逐层减小，下层多出的建筑面积成为上层的一个大平台，面积要大大超过一般住宅凸出或凹进的阳台面积。

退台式住宅的优点	退台式住宅的缺点
住户都有较大的室外活动空间,同时也有良好的采光和通风	一部分建筑空间转作平台,建筑容积率减少,占地较多,因此,地价在总造价中的比重提高。目前,国内建造的退台式住宅都属于价格较高的中高档住宅,一般建在地价较低的郊外住宅区或旅游度假区,一些低层的独立式别墅式住宅,也常采用退台式设计

121 什么是组团住宅?

"组团"是目前被大型社区较多引用的概念。它是一种融合了中式四合院建筑模式的居住结构。院落式的布局,用四面楼房围合成封闭的空间,由单一的出入口出入,它能给住户带来领域感和安全感,邻里有交往的氛围和空间,空间尺度宜人,让人轻松愉快,非常符合现代人交流的心理需要。

122 什么是智能化住宅?

智能化住宅是指将各种家用自动化设备、电器设备、计算机及网络系统与建筑技术和艺术有机结合,以获得一种居住安全、环境健康、经济合理、生活便利、服务周到的感觉,使人感到温馨舒适,并能激发人的创造性的住宅型建筑物。

123 什么是酒店式公寓?

酒店式公寓又被称为酒店式服务公寓,具体是指提供酒店式管理服务的公寓,意指"酒店式的服务,公寓式的管理",拥有比较高的市场定位。

它集住宅、酒店、会所等多功能于一体，可以自用也可以投资。除了能够提供传统酒店的各项服务外，更重要的是向住户提供家庭式的居住布局、家居式的服务，让住户有一种宾至如归的感觉。这种公寓由星级酒店直接管理或是由有星级酒店背景的物业公司管理。

124 什么是公寓式住宅？

公寓式住宅是区别于独院独户的西式别墅式住宅而言的。公寓式住宅一般建在大城市里，多数为高层楼房，标准较高。每一层内有若干单户独用的套房，包括卧房、起居室、客厅、浴室、卫生间、厨房、阳台等。有的公寓附设于旅馆和酒店之内，供一些常常往来的中外客商及其家属中短期租用。

125 什么是水景房？

所谓水景房，简单点说就是从窗口能够随时欣赏到水面风景的房子。这种房子是依水而建的住宅，利用湖泊、瀑布、小溪、水景广场等构筑风景。

水景可以提高住宅的居住品质，所以水景房的价格比看不见水景的房子要贵一些。

规模分类	水景类型
小规模	大多为人工造景，比如小喷泉、层叠型小瀑布或是浅到脚背的水溪等
中等规模	通常都是自然和人工相结合，比如小河、小湖
大规模	主要是自然水景，比如黄浦江、苏州河等

126 什么是小户型住宅？

小户型是最近住宅市场上推出的一种颇受年轻人欢迎的户型，其面积一般不超过 60 平方米。小户型的受欢迎与时下年轻人的生活方式息息相关。许多年轻人在参加工作后，独立性越来越强，再加上福利分房逐渐取消，因此在经济能力不强、家庭人口不多的情况下，购买小户型住宅不失为一种明智的过渡性选择，既暂时解决了住房问题，又可使资金保值升值，为以后购买更理想的住房打好基础。

温馨小贴士

在购买小户型住宅时应注意，功能布局要合理，如何能在不大的面积内营造一个舒适的空间是购买小户型住宅的关键。另外，在一个整体楼盘中（尤其是塔楼），许多小户型房屋大多分布在楼体的北面和边角位置，采光通风情况不好，而且离电梯间比较近，易受干扰，购买时需注意这些问题。

127 什么是超小户型住宅？

超小户型住宅的定义是套内使用面积在 15~30 平方米，但"麻雀虽小，五脏俱全"，卧室、客厅、厨房、卫生间具备。由于户型过小，

一般只能放一张床和基本的家具,有的没有厨房、阳台,有的厨房只是点缀而已,业主在室内只是休息,更像一个家庭旅馆。

128 什么是青年住宅?

青年住宅是指适应青年夫妇生活需要的一种新住宅类型。它适合青年人的个性特点和行为模式,面积虽小,但功能齐全,空间划分灵活。在总体布局中应考虑幼儿园及商业和体育、文化、娱乐设施等。

129 什么是老年人住宅?

老年人住宅是指专为老年人设计的住宅,主要对象是那些没有晚辈照顾的老年人。对于老年人住宅,应在单元内设置活动室等空间,在整体布局中靠近医务室、居委会、街坊绿地等服务设施,能更好地适应老年人的生活特点和需要,增加老年人与邻里交往的机会。

130 什么是"两代居"住宅?

"两代居"住宅是指包括两套相邻而又独立,各自拥有完善的卧室、厨卫等生活设施,各自拥有独立的户门,但室内有门户相通的住宅形式。

温馨小贴士

"两代居"住宅的产生,适应了我国人口老龄化发展趋势。这种住宅既考虑到老年人与青年人在生活习惯、兴趣爱好等方面的差异,保留了相对的私密性,同时又考虑到便于就近照顾老人。

第四章 选房常识

所谓选房，意思就是要尽量选择质量高的、少瑕疵或者没瑕疵的房子，这样才能物有所值。当然，完美无缺的房子几乎不存在，但是如果在买房前掌握了相关的选房常识和技巧，那么就可以大大避免买到瑕疵房或者隐患房。

131 怎样寻找房源？

① **纸媒查询：** 通过相关报纸查询个人发布的卖房信息，这种方式的劣势是找到的房源比较少，交易的风险性较大。

② **人际询问：** 可以通过自己的亲戚和朋友打听寻找，这种方式的缺点是信息面太窄，时间太长而且成功的概率也很低。

③ **中介查询：** 直接到一家可靠的房地产中介公司或是在其网站上查询房屋信息，这样做的缺点是需要交中介费，但是房源比较多。

④ **新媒体查询：** 通过网络发布求购信息。

132 如何判断房子的好坏？

① **要考察楼盘的品质。** 要看一下楼盘档次的高低，具体表现为楼盘内在配置的多少及好坏、楼盘的朝向和环境、楼盘的设计是否合理等。比如，普通的多层住宅应该有供水供电系统、排水系统、有线电视、车库、电话线路等。普通的高层住宅除了要有上述的设施外，还需要配备电梯、消防设施、消防通道、智能系统等。

② **要判断住宅的质量。** 购房者应对地基沉降变形、房屋直缝开裂等严重质量问题及时把关。

133 房屋常见的质量问题有哪些？

① **隔热、隔音效果差。** 住宅楼内户与户之间、户内各厅室之间隔断墙以及楼板隔音、减震效果差，达不到私密性的要求；冬天外墙和内墙降温比较快，夏天升温快，达不到保温、隔热的要求。上述现象产生的根本原因是墙体的隔音、隔热材料厚度不够，材料质量比较差或是施工工艺不符合要求。

② **水、电、暖、气的设计位置不合理。**水、电、暖、气的设计位置不合理会严重影响日后的生活,包括水池、浴盆、蹲(坐)便器、水表、地漏、电源开关、电源插座、电表、暖气片、煤气灶、煤气表等,如果设计位置与日常生活要求不符,还会影响家具布置。

③ **公用设施设计不合理,质量不过关。**比如楼梯间的位置不方便、楼梯的宽度过小、电梯运行质量不稳定、公用照明设施不完善、消防安全设施缺乏等。

④ **裂缝。**具体包括墙体裂缝和楼板裂缝。裂缝可以分为沉降裂缝、温度裂缝、强度裂缝、变形裂缝,产生的原因有材料强度不够,结构、墙体受力不均,抗拉、抗挤压强度不足,楼体不均匀沉降,建筑材料质量比较差,砌筑后干燥不充分等。

⑤ **楼体不稳定。**具体表现为过了沉降期后仍然下沉不止;不均匀沉降导致楼体倾斜;整体强度不够,楼体受震动后或在大风中会摆动;因为结构不完善,部分或全部承重体系承载力不够,导致楼体存在局部或全部坍塌的隐患。

⑥ **渗漏。**渗漏的问题不只是影响自己的使用,对邻居和楼下的住户也有影响。渗漏的问题主要是源于防水工程不完善,比如防水材料质量不过关,就会导致屋面渗漏,厨房、卫生间向外的水平渗漏,以及向楼下的垂直渗漏(垂直渗漏大多见于各种管线与楼板接合处)。在雨季及厨房、卫生间用水量大时,渗漏严重会影响使用人的正常生活,破坏地面装修,影响上下楼邻里关系。

⑦ **门窗质量问题。**门窗如果是本身就有的,而不是自己选购的,建议在买房的时候将房屋门窗分别开关检验。铝合金门窗渗水、锈蚀;钢门窗零件脱落、损坏多;木门开启不灵活,关闭不密封等,这类问题都会给后期居住带来不必要的麻烦。

134 看房时应注意什么?

① **房顶是否漏水,墙面是否渗水。**因为电线大多安装在墙体内,如果墙体潮湿,则很容易引起墙体导电的问题,这非常危险。最好选择一个雨天去看房,这样更容易看到雨水是否渗漏。除了看房顶是否漏水外,还要看一看厨房、卫生间做防水的地方是否漏水。不要只看厅堂,更要看一下厨房、卫生间,看一下水龙头是否漏水,下水道是否堵塞。

② **注意房屋的整体情况。**比如,墙体是否隔热、隔音效果是否良好,下水管道是否在室内,通风、采光状况是否良好。

③ **检查墙上和墙角是否有裂缝。**注意看一下天花板是否有泥土脱落、是否平展,查看一下墙壁是否隐藏着竖向裂纹。

④ **看房屋楼层之间的高度。**如果天花板过低,就会让人感到压抑,同时还严重影响采光。此外,楼下的住户也很容易听到楼上搬动家具的嘈杂声。

⑤ **检查房屋的装修情况。**要看一下房屋的装修情况,比如墙体是否会散发出刺激性的气味,是否容易脱灰,地板或地砖铺得是否平整,插座和电线是否为次品或是不合格产品,电气线路的安装是否符合相关规范。

⑥ **看小区的外部设施。**要看一下小区的环境以及生活配套设施是否与合同、广告所说的一样,是否已经完善齐备。比如电梯的数量是否和小区的住户数量相匹配以及小区的停车位是否够用等。

⑦ **看周边的配套设施。**看看房屋周边的交通条件、商业配套设施、教育、医疗设施是否齐备以及距离的远近和规模的大小等。

135 选房时应注意什么？

① **购房者应优先考虑已经拿到房产证或是交付许可证的楼盘。**在签订购房合同之前，应该要求房地产开发商明确告诉自己楼盘是否已经抵押给了银行，除此之外，购房者还可以通过房地产交易中心查询所要购买楼盘的权属状况。如果房地产开发商表示楼盘或是住宅已经被抵押或是存在权属交易限制，那么购房者可以要求房地产开发商在注销抵押或是解除交易限制后再签购房合同。

② **购房者应该到所要购买的楼盘所在的小区逛一逛，了解一下小区的人气。**可以在傍晚的时候到所要购买的楼盘数一数亮着灯的窗户，还要在节假日的时候到小区的公共场所去看看在外面活动的居民多不多，进行装修的人多不多。此外，还要到楼盘附近的房产中介机构看看该楼盘的挂牌情况，如果挂牌的房源比较多，则表示楼盘的入住率并不高。

③ **购房者在买房子之前应该先对物业管理公司的情况有一个基本了解。**物业管理水平的高低直接影响着购房者的居住质量和楼盘的保值、增值。购房者要到楼盘去实地考察，看看小区车辆的停放是不是整齐有序；小区的保安是不是尽职尽责；绿化区是否经常有人浇水打理；小区的楼道和路面是否打扫整洁，建筑垃圾是否定点堆放等。此外，还要找机会和已经入住的业主聊聊天，探听一下他们对小区物业管理的看法，或是登录楼盘的业主论坛，看一下有没有抱怨物业的帖子。

④ **购房者在购买现房之前抽时间去打探一下小区的业主构成。**实际上，就是看一下邻居的素质，高素质的业主构成有助于形成和睦的小区氛围。

136 好地段的房子容易出现哪些问题？

① **安防环境相对比较差**。繁华地区的流动人口通常要比普通地区高出几倍甚至几十倍，因此，繁华地区的安防环境会更加差一些。

② **繁华地区人口密集**。由于人口密度比较大，房产周边的卫生、环境、交通、基础设施都需要投入更大的精力去进行维护和保养，否则很容易出现公共设施快速老化、损毁的现象，让房产的保值、增值能力大幅度降低。

③ **交通拥堵**。繁华地段交通压力比较大，日常拥堵现象很频繁。因此，在繁华地区选择房产时，要尽量贴近主干道，尽量缩短居住区和主干线的联络长度。

137 房屋地段选择应注意哪些问题？

① **交通便利度。** 随着城市交通环境的日益紧张，考察交通环境、确保日后出行顺畅已经成为一个大问题，所以购房者选房时应特别重视对交通便利度的考察，要重点关注一下区域周边的路网建设、公交配套、收费站点与道路的日常拥挤度。

② **区域环境的条件。** 在选购房产时，考察区域环境的条件也是一个重要的步骤。主要包括考察大区域中的重点资源（医疗、教育、服务设施）、自然资源（公园、休闲广场等）与商业配套的完善度、质量和规模。

③ **确立选房的大方向。** 每个购房者都有自己的工作、生活、休闲、交际圈子，理论上这四个圈子的重叠性越高，就越能节省时间、精力和出行成本。

138 选购远郊区县房产应注意哪些问题？

① **保值率。** 购房者在选购远郊区县的房产时，应该重点关注那些有品牌、体量大、档次高、销售旺盛、前期入住率高的项目，以保证买到的房产具有较强的保值功能。

② **距离。** 在远郊区县购房，居住地和工作单位的距离就会拉开，购房者就要面对更长的交通时间、更多的交通费用、更少的休息时间等方面的不利因素。

③ **配套设施。** 与城区相比，大部分远郊区县房产项目周边的配套设施是比较差的。因此，习惯了城区优质配套设施的人群在选购远郊区县的房产时，应该重点考察一下房产项目周边的配套设施是否可以满足自己日常生活的需要。这一点对于有老人和孩子的家庭来说尤为重要。

139 如何规避房地产开发商的促销陷阱？

① **算出房子实际的单位价格。** 不管房地产开发商使用哪一种促销方法，所购房产实际的单位成本都是可以计算出来的。比如现在一个楼盘开盘时单价是 20000 元，房地产开发商为每个前期登记的意向购房者发放一张贵宾卡，并承诺持贵宾卡购房可以在先打 92 折的基础上再优惠 10000 元。假如要购买一套 100 平方米的两居室，那么可以算出房子打折前的总价应该是 200 万元，而折扣后总价是 200 万元 ×92%－10000 元 =183 万元。所以，购买这套商品房的实际单位价格就是 183 万元 ÷100 平方米 =18300 元。

温馨小贴士

在得出这个单位价格后，应该做两项对比：① 在相同或是相近区域中对比一下同档次商品房的价格，以确定该房产项目是否具有价格优势；② 在相同或是相近区域中对比一下同价格商品房的档次，以确定该项目有没有居住条件优势。

② **确认交易的合法性。** 在购房时一定要注意查看房地产开发商是否具有"五证"和"两书"，只有拥有"五证"和"两书"的房产项目才是合法的。

③ **审查房产质量。** 不能排除有一部分信誉低、实力差、管理不完善的房地产开发商会在建材和装修材料的质量上打折扣，以获取额外的利润。所以在购房时应明确要求房地产开发商承诺该住房可以达到国家公布的精装修住宅的质量标准，并将其承诺逐条、详细地写入购房合同中，为日后产生分歧时提供索赔依据。

140 怎样判定房产的性价比？

① **需求**。区域需求旺盛的小区的房产虽然价格会高一些，但是它的性价比也会高于偏远地段的小区。原因是需求旺盛的区域通常都是先开发的，越开发，该区域的地块就越少，那么到了开发后期，该区域的地块就会变得稀缺，这样，土地的稀缺性就足以支撑一个区域房产的快速增值。另外，需求旺盛的区域和其他区域相比，在租赁回报方面也是具有优势的。

② **价格**。在将要买房或是卖房的区域中，找到几家和将要买卖的房产相同或相近档次的房产并计算一个平均价格。在小区配套项目、物业服务水平、容积率等方面情况相近的情况下，价格稍低的房产性价比高一些。价格一致的情况下，小区配套项目完善、物业服务水平高、容积率低的项目性价比要高一些。

③ **教育**。千万不要小看房产周边的好学校为房产带来的性价比优势。在当前家长越来越关心孩子教育和学习的情况下，学区房的价格屡创新高，对于这一点必须重视起来。

④ **规划**。城市的规划方向也是在判定房产的性价比时要考虑的重要因素，因此，在买房的时候一定要注意城市的规划。

哪个房子性价比更高一些呢？

141 高级住宅与普通住宅有什么区别？

① **居住人口**。这两种小区的居民在职业结构和层次结构上都是不同的。

② **住宅类型与建筑水平**。高级住宅区有一定比例的别墅或是高级公寓，普通住宅区通常是没有别墅和高级公寓的。

③ **管理水平**。高级住宅区有封闭式、24小时全天候服务，保安服务质量要高于普通住宅小区。

④ **建筑的设计水平和装修标准**。高级住宅区更能体现出豪华、体面；普通住宅区则注重经济、实用、合理。

⑤ **配套设施**。高级住宅区要求水、电、暖齐全，保证程度高，还应该有热水供应、卫星接收、空调、报警等设施。普通住宅则要求水、电、暖齐全，通信、供气设施尽可能配置。

142 什么是样板间？

所谓的样板间，其实就是商品房的包装，也是购房者对房子装修效果的参照实例。它是一个楼盘的脸面，它的好坏直接影响楼盘的销售成绩。

形式	作用
房地产开发商自己装修	主要为售楼用，以展示房间的格局为主
装饰公司在小区开展业务以优价装修	主要是为了扩展业务，以展示设计和施工为主

143 正式楼房与样板间有什么区别？

① 样板间的视觉效果好。 样板间主要是以展示、促销为目的，为了保证样板间的整体视觉效果，在材料使用上会力求尽善尽美，因此房地产开发商会不惜重金进行装修。另外，样板间里的家具和厨卫设

备也非常高档。所以，样板间的装修费用是非常高的，这样的装修费用是绝大多数购房者都难以承受的。因此，购房者所装修的房子效果和样板间的差距会很大。

② 样板间不设置门。 大多数样板间只有门套而没有门，样板间门窗的位置、大小和实际的房屋会有较大的出入。

③ 样板间不涉及管道、管线的排布。 出于完善装修效果的考虑，样板间通常不会设置水、煤气、暖气等管道线路。于是样板间的居室，尤其是厨房、卫生间就会显得非常宽敞明亮。而且由于样板间不用考虑上水和下水，自然也就不会出现粗大的下水管和暖气管线。但是购房者所购买的现房中却存在着各种管道，因此也就没那么宽敞明亮了。

④ 样板间的照明效果好。 一些样板间在装修的过程中会采用强光以及周围壁板的反光效果、天花板的穹宇效果以增加房屋的空间感。有一些样板间还选用专门定做的较小、较低，但是非常和谐配套的家具来强化空间利用的整体效果，这些装修效果是一般装修的房子所无法达到的。

144 选购尾房要注意哪些问题？

① **抵债房**。房地产开发商出于各种原因，将一部分房产用来抵债。所以，当选购尾房时一定要审查尾房的产权以及该房产是否存在债务问题，以保证所购房屋能够取得产权证。

② **样板间**。房地产开发商在销售尾房时会将样板间一起出售。由于样板间里的装修和家具都很不错，所以很多人为了节省时间就会买下样板间，结果发现贵了很多。因此，在购买样板间前一定要认真核算单位价格，不要为了省时而在价格上吃大亏。

③ **问清保修期**。有些尾房是过了保修期之后才拿出来销售的，因此在购买尾房时一定要问清楚该房产是否还在保修期内、距离出保还有多长时间、是否可以相应地延长保修期等问题，还要把房地产开发商的相关承诺写入购房合同。

④ **要量力而行**。不管在什么情况下，量力而行都是购房者应该把握的基本原则。不管尾房的价格多诱人，购房者在买房前都要认真审查自己的承受能力。现在市场上的一些尾房虽然单价比较低，但是由于面积过大也会造成总价过高的问题，而过高的房价会给购房者带来沉重的负担，这一点是不可取的。

⑤ **认真验房**。要特别注意对尾房的验收，因为要避免买到那些由于前期验房不过关而遗留下来的问题房。

145 选购别墅要注意哪些问题?

① **注意产权问题**。购房者要看一下所购买的别墅是不是小产权别墅。小产权别墅虽然价格比较低,但是存在比较大的风险,将来也很难转成"大产权"。这样的房子没办法获得合法的房产证,还面临着土地被收回的风险。另外,如果把它当成一项投资,也无法起到保值、增值的作用。

② **防止花园误区**。购房者要注意"送花园"的说法。按照相关法律的规定,别墅所谓的花园是全体业主共有的,个人不能单独拥有。所以,所谓的"送花园"是一种欺骗性的说法。

除非花园的具体面积体现在房产证里,否则这不能成为一种实实在在的权利。另外,所谓的"送露台"也是一种欺骗性的说法,因为露台并不计算在建筑面积中,所以露台并不能算是赠送。

③ **"送(半)地下室"**。地下室是指房间地面低于室外地平面的高度超过该房间净高的一半者;半地下室是指房间地面低于室外地平面的高度超过该房间净高的1/3,但不超过一半的地下室。如果地下室的净高超过2.2米,那么应当算在建筑面积里,如果没有超过,则不算建筑面积。

④ **税收**。买卖别墅所交纳的税收比普通商品房要多,因此购买时要对税收情况有所了解,测算一下交易成本。

⑤ **老式花园洋房**。上海老式洋房是指新中国成立前建造的,装修精致,备有客厅、餐室,有数套卫生间等结构较好的独立式或联排式别墅式住宅。自2004年起,上海要求凡列入优秀历史建筑保护范围的建筑,经营单位一般不得进行房产处分,确因特殊情况需转让产权的,应事先报请原授权单位上海市房

屋土地资源管理局审核，未经核准，市、区房地产登记部门不得办理上述房地产权利的转移、变更登记。

⑥ **贷款**。别墅的贷款成数比住宅要低，银行一般最高成数控制在五成，此外还要受到总房价、贷款人资信情况等影响。另外，购买别墅不能申请公积金贷款，只能申请商业贷款。

⑦ **外籍人士**。有的房地产开发商会对不符合购房条件的外籍人士许诺可以办出产权，外籍人士购买别墅之前一定要清楚当前政策。

146 选购塔楼要注意哪些问题？

① **车位问题**。在买房子时，就算是目前还没有车的人也应该提前做好打算，因为未来有可能车位比房价还要贵。

② **注意户型的选择**。在挑选那些户型格局不易改变的塔楼住宅时，要充分考虑到入住后的舒适度，关键是让自己和家人住得舒服、满意。

③ **安全问题**。不能忽视监控安保措施，要看看大楼的底层是否有值班警卫室，是否有保安在楼内巡视。

④ **周边环境**。在挑选顶层或是较高楼层的住宅时，不仅要注意朝向、景观，还要考虑到周边地区的未来规划。

⑤ **电梯设备是否完善**。要注意整栋楼的总户数和电梯的数量、质量及运行速度。通常，24层以上的住宅应该配备3部电梯。

⑥ **供水问题**。仔细地向房地产开发商询问楼层供水、水压以及夏天是否会断水等多方面的情况。通常塔楼的顶层都设有水箱，会先把水抽到顶层再往下供，这样高层住户就不会因为压力不足而用不上水。

147 选购高层住宅需要考虑哪些问题?

① **要注意房屋的户型和朝向。**由于高层住宅多为浇筑混凝土、框架剪力墙结构,所以住宅的户型格局不容易发生改变。选购时,应主要考虑卧室、客厅、起居室的房间朝向和采光,最好选择那种一梯两户结构的住宅,这样的住宅有利于房间的采光。

② **电梯。**整幢楼的总户数量与电梯数量,电梯的质量与运行速度都很重要。对于高层住宅来说,电梯几乎成为每天必用的工具,如果楼房的住户多、电梯少,运行速度慢,早晚上下班时间会给人造成很多困扰。一般情况下,24层以上住宅都应配备3部电梯,都是24小时运行。

要注意询问发生电梯故障时,楼盘维修人员如何解救,还可以与房地产开发商签订责任书,约定如果电梯出现事故如何进行赔偿。此外,楼梯也不容忽视,要看一下楼梯是否有堆积物、消防通路是否通畅。

③ **高层住宅的日常生活保障。**需向房地产开发商咨询楼层供水、水压、供电、应急电源等多方面情况。一般高层住宅在顶层都设有水箱,先将水抽到顶层再往下供,使高层住户不会因压力不足用不上水。另外,应急发电机组的配置也很重要,保证停电时,电梯也能暂时运行。

④ **根据具体需要选择楼层。**选择高层住宅的层数时,通常要考虑遮挡以及采光情况、生活的便利程度、具体的环境要求、家庭人口构成以及健康状况、住宅楼的总层数等因素。

⑤ **考虑高层住宅小区车位问题。**现在"有车族"越来越多,停车问题会越来越突出。由于高层住宅多处于市内,在购买时,即使是目前无车的住户也应做好提前打算,为未来停车方便做好准备。

> **温馨小贴士**
>
> 通常楼层越高，遮挡越少，采光越好，而且能够避开低层楼内的嘈杂环境以及临街的车辆噪声和粉尘污染，特别适合那些在家里生活时间较短的中青年人居住。楼层比较低的住宅上下楼相对方便，适合老年人居住，这样的楼层可以增加其进行户外活动的机会。

148 选择高层住宅好还是多层住宅好？

① 从实际使用的住房面积来看，高层住宅的实际住房率低于多层住宅。也就是说，同一建筑面积的房屋被购买，高层住宅的楼面面积低于多层住宅的内楼面面积。房屋的面积既包括使用面积，也包括公共面积，例如楼梯的公共区域。由于高层住宅还有电梯、候车室、地下室等公共空间，公共区域需要多层次共享，因此实际住房率较低。

② 从构造格局上看，多层住宅要好于高层住宅。由于构造结构上的原因，一般多层住宅坐北朝南，南北通风，室内使用面积大，房型合理，大开间容易隔开装修。高层住宅一般都采用框架剪力墙结构，加上又要考虑几部电梯的位置，因而户型设计相对困难，也易给装修带来不便。

③ 从物业管理的角度来看，高层住宅要优于多层住宅。大多数高层住宅的物业管理比较完善，居住环境一般比较美观舒适，绿化、景观、环卫、停车（自行车、汽车）等管理都比较好。

④ 从照明角度来看，高层住宅优于多层住宅。高楼视野更广，空气质量好，噪声小，自然风大，有的房间不需要安装空调，采光好，日照时间长。

⑤ 从楼层设施上看，高层住宅比多层住宅好。上下楼有电

梯,方便老人、残障人士和病人。但是如果电梯的维护不到位,电梯一旦失灵,就更难上楼或下楼。而多层住宅,由于楼层较低,一般只有楼梯。

⑥ 从建筑结构上看,一般来说,高层住宅的施工标准和施工质量均高于多层住宅。多层住宅一般是砖混结构,高层住宅由于其深厚、坚实的钢筋基础,坚固、无渗水、抗震性能好。

149 选购复式住宅要注意哪些问题?

① **要考虑安全因素**。复式住宅通行面积要比普通户型大,台阶与楼梯设计容易为了紧凑而显得过于局促,家里老人或小孩在爬楼梯时可能会有困难,容易出现安全问题。

② **看各功能区间划分情况**。复式住宅分为上下两层,往往在下层安排公共活动区间,如客厅、客房、餐厅、厨房、卫生间等,上层则安排主卧、次卧、书房。这主要考虑主、客分区,使主人活动区间保持私密。

③ **看卫生间是否方便**。选择复式住宅,购房者要看卫生间的数量及其布局是否方便。有些设计在复式上层没有卫生间,如厕要下楼,会感到很不方便。另外,如复式住宅面积较大,应考虑单独设置主卧内套卫生间与客用卫生间。

④ **看楼梯位置是否合理**。楼梯既不能占去太多空间,也要考虑方便和实用,通常楼梯踏步的宽度不能小于0.9米,梯级高度不能大于180毫米,坡度也不能过陡,要以方便搬运家具与适合居住为主。

⑤ **看层高**。通常复式住宅的下层净高较合理,但是上层的高度可能达不到一定的标准。所以,在选购复式住宅时一定要注意看上下两层的净高是否可以满足自己的实际需要。

150 选购精装修住宅要注意哪些问题?

① **确定装修公司的资质**。千万不要被温馨、舒适的样板间所迷惑而忘记审查装修公司的资质。实际上,装修公司所装修的房子,很有可能达不到样板间的细致程度。因此,购房者应把装修公司的资质和等级写入购房合同中,避免带来不必要的损失。

② **确定装修材料的品牌和等级**。应该明确拒绝"进口材料""知名品牌"之类的含糊承诺,要求房地产开发商将使用材料的具体品牌与等级直接写入购房合同,避免含糊的约定成为日后房地产开发商推卸责任的借口。

③ **确定保修年限**。精装修的住宅是享有保修权的,通常橱柜、浴柜等整体家具的保修时间不能低于2年(人为损害除外),而厨房、卫生间的防水保修期限不应该低于5年。应该把这些具体的保修年限写进购房合同中,一旦出现问题,有权要求维修或是索赔。

④ **确定装修质量标准**。购房者可以要求房地产开发商明确承诺该住房应达到国家公布的精装修住宅的装修质量标准,并将这个承诺逐条详细地写入购房合同中。为日后产生分歧时提供索赔依据。

⑤ **赔偿责任的认定**。应该在购房合同中确认的事项还有由于装修方面的问题,给业主带来的经济、时间等方面的损失的赔偿责任。需要注意的是,对于赔偿责任的认定一定要尽可能详细,把自己所能想到的所有细节都做出相应的约定。

⑥ **换房、退房的约定**。购房者在签订购房合同时应要求开发商做出如下承诺:当装修质量问题严重或是由于装修原因给业主带来重大损失时,业主拥有换房、退房的权利。

151 小面积跃层式住宅如何挑选？

① **房内结构**。小面积跃层式住宅的建筑面积大都在 100 平方米左右，所以它比 150 平方米的大面积跃层式住宅在结构的设计上更加严格。在看房时要注意房子的结构是否合理，室内的单层净高是否足够，各个房间的朝向、通风效果是否符合实际的生活需要，房屋内部的浪费面积是否过多等问题。

② **楼梯设计**。楼梯设计的合理性是这种住宅中最需要关注的部分，有老人和孩子的家庭更要注意这一点。查验楼梯时应注意以下几个方面：一是楼梯的侧扶手是否足够牢固并且方便抓握；二是楼梯的位置是否合理；三是楼梯是否占用过多的室内空间，造成面积浪费；四是楼梯的坡度和宽度是否方便老人和孩子上下。

③ **安全性**。跃层户型的安全隐患主要来自室内的楼梯、楼梯围栏以及低矮的外飘窗，在选购这样的户型时推荐大家试一下楼梯的坚固程度、围栏的高度，以及比较低矮、小孩容易攀爬的外飘窗护栏等保护设施。另外，如果不想通过装修对室内楼梯进行改造，还要关注一下楼梯踏步的宽度和防滑性能，这些都是容易存在安全隐患的部位，不要掉以轻心。

④ **功能分区**。小面积跃层式住宅的功能分区也是很重要的。由于采取了跃层式设计，所以一层空间大都被设计成客厅、餐厅、厨房等待客或家庭服务性空间，而二层往往是卧室、书房等相对私密的功能区，这是最合理的设计。需要提醒大家的是：关注一下二层是否设有全功能卫浴，这对于房间使用的方便性来说是非常重要的。

152 选购底层住宅需要考虑哪些问题？

① **购房者要认真检查防潮设计和相关措施。**如果防潮措施不过关，那么长期住在这样的房子里，不仅电器、家具容易生锈、发霉，人也很容易患上风湿性关节炎等疾病。

② **污水返溢。**这是件令住户头痛的事，因此在挑选底层住宅时一定要看各排水管道系统是否独立。如果一层的卫生间管道、下水管道不接受来自上面各层的排水，自成系统，那么就不会堵塞、返溢。如果底层的管道与上面各层是相连的，那就看一下其管道在底层是否变粗、变大。另外，如果底层的独立排水系统与地下室的主排污干管直接连接，也会有返味和生虫现象。

③ **要注意各种管道是否畅通。**底层住宅临近各种管道尤其是下水道，如果管道的质量比较差或是设计不合理，则很容易导致管道堵塞，住在这样的房子里简直是一种煎熬。

④ **噪声。**应尽量选购避开交通主干道的底层住宅，正对马路、娱乐区或小区大门的房子要慎选，以避免尘埃、噪声的干扰和夜间汽车灯光的闪动及鸣笛。

⑤ **要注意房子的采光问题。**因为处在楼房的最底层，所以采光和通风通常会受到限制，购买住宅时最好请专家或是技术人员帮忙鉴定。

153 顶层与底层住宅有哪些缺点？

顶层住宅的缺点	底层住宅的缺点
（1）顶层容易漏水、渗水。如果顶层房屋的建	（1）容易受到垃圾的困扰。

续表

顶层住宅的缺点	底层住宅的缺点
筑品质和排水性能不过关、房屋窗户的密闭性不好或是墙体、屋顶不严密，都有可能导致顶层的房屋渗水或漏水。 （2）水压不足。顶层的房屋因其楼层高，往往水压比较低，尤其是在夏季用水高峰期，顶层的住户往往要错开这些高峰时段进行洗漱。同样在冬季需要用热水时，热水上来得往往很慢，因此，顶层住户的用水相对于其他楼层来说要更为麻烦一些。 （3）不易出行、逃生。住在顶层，出行就必须依赖电梯，一旦电梯出现故障，会给住户带来很大的麻烦。尤其是一些老人，腿脚不方便，总爬楼梯也不现实。此外，一旦发生火灾，热气和火势一般是往上升的，住在顶层的住户更是首当其冲地受害，且很难逃生	底层的房子最接近地面，如果小区物业不负责任，可能会出现垃圾乱丢、乱倒和不及时清理的情况，而住在底层的购房者会非常受影响。尤其是在夏天，屋内或者门外会有很多苍蝇。 （2）采光欠佳，缺少阳光照射。底层由于受高度、楼间距以及周边绿化植被的影响，采光性普遍较差。尤其是在冬季，一天的采光时间只有2~3小时，甚至更少，而缺少必要的阳光照射，将大大降低人们的生活质量

注：除了有特殊的喜好和需要外，购房者在购买高层住宅时，顶层和底层住宅不在优先考虑的范围内。

154 选购半地下室住宅需要注意哪些问题？

① **通风：** 半地下室住宅的通风能力主要取决于外窗高度和朝向这两个因素。具体来说就是朝向越好、外窗高度越高的半地下室通风能力就会越强。

② **朝向：** 由于半地下室所处的位置比较低，所以它的采光

能力和地上建筑是没法相比的。因此，在选购半地下室时，要特别注意朝向问题。

③ **防水：** 半地下室的防水能力也是在选房时需要重点关注的。购房者应该认真观察窗台、墙面、顶面、地面（尤其是角落部位）是否有渗漏或泡水后的修复痕迹，以免买到存在防水问题的房产。

④ **核实产权：** 能够上市交易的半地下室都是具有房产证的，这个房产证与地上建筑的房产证是一样的，只是在楼层显示上略有不同（显示为-1层）。现实中，有些半地下室是没有房产证的，购买此类半地下室时不能过户，买家的权益得不到保障，因此买房过程中需特别注意核实产权情况。

155 选购带地下室的一楼需要注意哪些问题？

选购带地下室的一楼时要注意防水、防潮、防火、采光等问题。是否含有室内梯对于地下室的市场来说很关键。有室内梯的地下室有较大的优势，方便上下以及搬运物品。如果把地下室再分成更小的隔断，空气就会变得不流通，地下室特有的味道就出来了。由于地下室一般相对比较潮湿，所以在装修过程中首先要注意的就是防潮和防水的问题，否则一到梅雨季节，墙面和地面上就会返潮，严重时会导致墙体发霉，墙漆脱落。所以装修过程中首先要做好的就是防潮。

156 好户型的标准是什么？

① **方正的房子整体利用率高。** 如果家里人口本来就多，购买的住宅面积又不大，最好选择方正的户型。这样才会让业主

的实际居住环境最大化。

② **合理布置**。在玄关处可以设置遮挡物，增加空间的层次；卧室的门最好不要对着客厅，因为可能会比较吵闹，私密性也不强；主卧最好靠着厨房和卫生间，动静相宜。

③ **房屋朝向**。一般来说，朝南的房屋采光好，不管是大户型还是小户型，客厅和卧室房间的方向最好是朝南。

④ **通风**。南北通透的房子居住舒适，6层以上全南户型也值得考虑。有窗户贯穿客厅南北，能够保证空气对流。

⑤ **避免走道**。走道其实是对住房资源的浪费。很多房子的走道都很窄，不能用来放物品，只能用来行走。不过，如果资金充足，又喜欢在走道上放置物品的话，可以适当加宽走道。

157 一梯两户、两梯两户、两梯多户哪个好？

从住宅的对流性、私密性以及舒适性等方面来考虑，最好的户型应该是两梯两户，也就是一个楼层两户居民、两部电梯，其次是两梯四户、一梯两户、两梯多户。

温馨小贴士

两梯两户的住宅上下楼非常方便，不用和别人挤电梯，更不用长时间地等电梯。除此之外，住户的私密性得到了很好的保障，而且能双向对流，采光和通风都非常通畅，最大限度地保证了生活的舒适度。

158 怎样判断房屋采光的好坏？

① **看楼间距和楼层**。楼间距大小是会影响到房屋采光、通风好坏以及个人私密性的。一般来说，楼间距大的房屋采光都

还不错,而在同等的情况下,低层的采光没有高层的好。

如果房屋的楼间距小,楼层又低的话,那么房屋的采光就很难得到保障了。

② **看附近的遮挡物**。如果房屋的楼间距并不小,但业主家这栋楼前面的楼栋比较高的话,那么阳光就会被高楼挡住,不利于采光。另外,如果楼栋有凹陷和凸出的部分,对于凹进去的部分,阳光会被凸出的部分所遮挡,这样一来,也会不利于采光。

③ **看房屋的进深和面宽**。通常阳光是从房屋的阳台或者窗户透射进来的,并随进深的增加而减弱,因此进深过大的户型采光必然相对较差。对于板楼要尤其注意进深,进深过大而面宽过小的话,会对采光造成很不好的影响。

④ **看房屋的朝向**。房屋的主要房间应有良好的直接采光。房屋内的卧室、客厅、餐厅等活动的地方朝南或朝东南方向,采光就比较好。当然,如果占据住宅楼的两个朝向,如板式住宅的南与北、东与西,塔式住宅的东与南、南与西等,采光更好。

⑤ **看窗户的数量与位置**。窗户的面积和高度制约着进光量,大家可以设想一下,如果房屋的朝向很好,但由于窗户设置的方向是背光的,或者窗户很小,那外面即便有再强的光照又有什么用呢?而如果窗户的面积足够大,高度也适当,那采光效果是一定不会差的。

⑥ **看阳台的大小**。可以利用其晾晒衣服、种植花草等,但是,阳台并不是越大越好,因为阳台大了,意味着进深也大了,不利于采光。另外,冬季是考验采光的好季节,因为冬季日照时间短,日照角度也小,如果一所房子在冬季的白天采光效果好的话,那么其他季节的采光效果也一定不错。

159 选择有风景的房子要注意什么?

① **最好有水景**。购买带水景的房子已经成为一种潮流。因为水景不但有调节局部湿度的物理作用,而且能舒缓人们的精神压力,增加生活情趣。

② **植物种类普通就好**。很多人在挑选有风景的房子时,都很在意小区里的绿化植物。他们觉得这些绿化植物的物种越名贵,小区的档次就越高。可是却疏忽了这些名贵的绿化植物并不是免费的,最终都需要他们来买单。因此,用来绿化或是造景的植物并不需要太名贵,只要适合小区的整体环境就好。

160 好社区要具备哪些因素?

通常来说,一个好的社区应该具备好的建设、好的规模、好的距离、好的公共设施、好的停车场所、好的社区管理六个基本要素。这六个基本要素缺一不可,如果一个社区缺少其中的一个要素,就不能被称为好的社区。好的规模与好的距离指小区的规模不大不小,且距离地铁、学校、主干道、公园、公交站、购物圈的距离适当。好的公共设施应该包括停车场、绿化区以及社区会所之类的区域和娱乐设施,良好的公共设施可以为居民提供更加便利的生活。好的停车场所是指小区的停车位必须够用,而且停车场的出入口应该安装信号灯,与马路之间还应有一个缓冲区。好的社区管理是指小区的住户可以选举出一个管理委员会,管理委员会可以为大家提供更好的服务。此外,管理委员会还可以委托专业的保安公司为小区的安全提供保障。

161 在高容积率的小区选房要注意什么？

① **物业管理**。高容积率小区对于物业公司关于公共空间维护、公共环境保持会提出更高的要求。因此，在高容积率小区选房时，必须认真考察物业公司的管理水平，这样才能将高容积率小区的常见缺点对生活的消极影响降到最低。

② **电梯数量**。由于高容积率小区的楼层普遍比较高，住户较多，所以在选择高容积率小区时要特别注意电梯数量和电梯的运行情况，以防因为电梯数量少而影响日常出行。

③ **停车位**。高容积率小区的停车位通常是比较紧张的。所以，如果有停车需求的话，在高容积率小区选房时还要特别注意小区内的停车位数量。在停车位数量不足的情况下，最好选择外部具有临时停车位的小区。

④ **基础设施**。高容积率小区还会对小区内的健身场所、儿童活动区域等公共配套形成比较大的压力。频繁地使用会加速这些设施的老化率，所以在高容积率小区选房时应该对此保留一定的要求。

⑤ **安保系统**。高容积率小区出入人员较多，居住人群也比较复杂，购房者应注意看该小区是否配置健全的安保系统。比如，围墙是否安装防盗监控设施，是否安装防盗网、防爬刺等防盗设备的装置，低楼层是否存在更好的安全保卫措施。

162 楼盘附近的生活服务设施都包括什么？

① **商业服务设施**。楼盘附近的商业服务设施主要包括大型的综合性商场以及专业性购物中心（市级），居住区级的超市、

百货商场、副食商场、菜市场、粮油商店、饭店、银行、邮政、移动、联通、电信等通信公司营业厅,以及家电修理、理发、照相馆等小型服务门店。

② **文教体卫设施**。这些基本设施包括学校(中学、小学、幼儿园和托儿所)、图书馆、书店、电影院、剧场、文化馆、运动场、医院、药店、诊所、卫生站、保健站以及养老院、福利院,其中大家最关心的就是学校、体育活动设施以及医院。

163 如何考察楼盘周边的交通状况?

① **实地考察法**。看看小区所在的位置是否临近城市交通主干道,考察一下道路的通行能力、路面状况、高峰时间的堵车情况等。小区附近是否有公交车,具体有哪些公交车停靠?有没有公交车能到自己和家人上班的地方?有没有公交车能直接到孩子的学校?小区附近有没有地铁、轻轨?小区附近的公交车和地铁能不能直达市中心?出门打车方便吗?

② **网络信息查询**。如果购房者没办法进行实地考察,那么可以到网站上的楼盘测评栏目页面搜索自己中意的楼盘,就可以看到不少对楼盘的客观评价,其中也包括交通状况。认真计算出行的时间成本,如果自己在路上花的时间太多,那这样的房子就是不值得购买的。

③ **未来的城市规划情况**。购房者要了解今后一段时间内所选小区附近的交通规划,这样不仅有利于了解自己以后出行是否方便,更可以用于分析今后一段时间内房产增值的空间。

164 为什么说选房就是选房地产开发商？

现在社会上各式各样的楼盘非常多，购房者没有时间也没有精力去认真了解每一座楼盘，这个时候只有选择一个有信誉的房地产开发商，才能买到好房子。因为信誉好的房地产开发商资金雄厚，所开发建设的房子相对来说比较有保障。而且好的房地产开发商都是有理念的房地产开发商，他们不管在前期的施工还是后期的物业管理上都舍得投入，会更加用心、负责，这样的房子品质就不会差。

165 哪种住宅的建筑质量具有可信度？

建筑质量比较好的房子通常都采用框架剪力墙结构，也被称为框剪结构。这种结构的建筑物有利于抗震、抵抗侧向风荷载等。剪力墙结构的侧向刚度比较大，变形小，既可以承重又能起到围护作用。现在，国外流行的高层建筑通常都采用框架剪力墙结构。

166 环保住宅真的环保吗？

所谓的环保住宅不一定就是真的环保。环保大都只是房地产开发商为了抬高房子的价格而进行的宣传而已。它高价的原因是房地产开发商在房子的环保设施方面做足了功夫。当然，与普通房子相比，这样的房子还是有优势的。真正的环保住宅应该是生态住宅、防污染住宅、节能住宅、省料住宅和健康住宅。

167 怎样评估房屋的抗震性能？

① **钢筋混凝土框架结构住宅**。钢筋混凝土框架结构住宅是以柱、墙、盖为骨架的住宅，在烈度为9度以下的地震发生时，其抗震性能良好。如果里面的隔断和围墙是用砖砌成的，那么在经历烈度为7~8度的地震时就可能会出现裂缝，对人和室内设备造成毁坏。

② **木结构住宅**。这类住宅通常由木骨架承重，砖瓦、石、泥、坯等墙体只能起围护作用，稳定性较差，经历烈度为6~7度的地震就很容易倒塌。所以，这类房屋的住户在地震时要特别注意墙倒砸人。

③ **砖混结构住宅**。这种住宅是由砖墙支撑和现浇、预制钢筋混凝土板盖成的住宅。由于建材质量和施工质量的不同，不同住宅的抗震性能相差悬殊。砖的抗压性强，但是韧性比较差，遇到烈度为6~7度的地震时就会局部开裂和散落，8度地震时裂缝会更大，稳定性差的住宅会倒塌。如果施工质量确实比较好，只有在10度地震时房屋才会被严重破坏或是倒塌。

一般情况下，这种结构的房屋容易发生墙体破坏的部位和构件有：檐口瓦、屋顶的烟囱、山墙、楼梯间与主体结构之间的构件、卫生间、小厨房等。

168 年轻人在选房时要注意什么？

① **注重房子的体积而不是面积：** 年轻人应尽量注重房子的体积而不是面积，可以选择一套高度空间比较大的房子，充分发挥小户型的大空间优势，同时能有

效地避免很多户型存在的面积浪费的问题。

② **计算时间成本：** 如果是买婚房，那就应该好好计算一下夫妻双方上班的时间成本。两个人如果工作区域不同但都很稳定时，应该多为女方考虑一些。此外，如果不与父母一起住，那么买的房子尽量不要距离父母的住处太远，以便就近照顾老人。

③ **关注户型空间的可变性：** 尽量购买那些可以灵活拆、改的房子，这样就可以最大限度去追求空间的自由。

④ **提防有缺陷的精装房：** 现在有些精装的小户型其实装修质量很不过关，存在着很多问题，让人不胜其烦，对此购房者一定要注意。

169 单身女性选房时要注意什么？

① **邻居：** 单身女性在选房时要特别关注自己的邻居。有个好邻居不但可以在日常生活中互相照应，必要的时候，还可以起到一定的保护作用；相反，一家经常吵闹、素质低下的邻居会让你的生活变得苦不堪言。因此，单身女性在选房时可以通

过咨询售楼人员、查询销售记录的方式来大致了解一下自己未来邻居的情况,最好在买房之前就能做到心中有数。

② **安全因素:** 安全因素对单身女性来说是最重要的,很多单身女性在选房时都会问小区的安保措施是否健全,比如门禁系统、楼宇对讲系统和监视系统等硬件设施以及保安人员的配置与夜间的巡视密度等。但问这些是远远不够的,单身女性还需要了解以下几个问题:比如小区周边整个大区域的治安情况是不是很好?步行到小区附近的公交车站、地铁站需要多长时间?小区是否偏僻?发生危险时自己是否能及时得到救助?

③ **维修服务:** 单身女性通常不会修理东西,房子、家具、家电的维修对她们来说很难。所以,单身女性在选房时一定要先了解一下物业公司的口碑以及今后是否能够得到及时有效的维修帮助。一家管理完善、信誉卓著的物业管理公司在提高业主生活品质的同时,还能为业主减少很多麻烦。

170 买婚房要注意什么?

① **保值率**。购买婚房的时候应该考虑到今后房产升级的问题,要尽量选择那些保值率高、容易变现的房子,而保值率高、容易

变现的房子大都具有靠近市中心、生活便利度高、小区环境好、房屋朝向和户型好的特点。

② **婚房应该以次新房作为首选**。次新房具有小区配套完善、环境好、房子新、入住迅速、价格低等优点,比较适合要结婚的人居住。

③ **离工作单位近一些**。房子离单位近,自己就可以抽出更多的时间照顾家人,每天也不用那么累,最重要的是不用在路上浪费太多的时间。

④ **离父母近一些**。当婚后有了孩子,可以把孩子交给住得比较近的父母照顾,这样自己就可以把主要的精力放在工作上。如果买的房子离父母比较远,那么不但孩子不能得到很好的照顾,父母需要照顾时也不是很方便。

⑤ **不必一步到位**。结婚所买的婚房没有必要一步到位。虽然拥有一个大房子是一件开心的事,但是刚刚结婚的年轻人经济实力并不强,日常花销也比较大,用钱的地方比较多,没有必要把钱都花费在房子上,所以先买一个够住的房子即可,等以后经济实力增强了,再换一个大点的房子。

171 买学区房要注意什么？

① **户口问题**。买了学区房，拥有了房产证，但是孩子的户口却没有在学校所在的区域，那么孩子照样上不了本学区的学校。有的家长为了让孩子上好学校，就选择在重点学校附近购买一套二手房，虽然也拥有了房产证，但是原业主的户口却迟迟没有迁出，自己一家的户口没办法迁进来。这样一来，孩子没有本学区的户口，当然也就进不了学校。

② **居住时间的限制**。有时候，就算房子的产权和孩子的户口都办好了，但只要在本学区居住的时间没有达到一定的标准（如3年），那么孩子就不能进入学校。

③ **学区范围的变化**。有的家长买的虽然是学区房，但是房子却不在想要上的学校所在的学区范围内，这样也不行。因为学区的范围是不断微调的，有可能今年你的房子在学区内，明年就不在学区内了，所以购房者购买学区房时必须密切关注学区范围的调整，所买的房子要尽量离学校近一点，最好不要选择区与区交界的地方。

172 买养老房要注意什么？

① **居住人群的年龄段**。要选择那些老人比较多的地区的房子。因为老人多的话，大家就可以在一起经常交流。老人一旦有了可以产生共同语言的朋友，生活就不会那么孤单了。

② **附近是否有医院**。房子应该靠近医院，便于老年人随时检查身体。老年人身体不好，抵抗力又弱，因此很容易生病。房子靠近医院，老年人就可以随时到医院检查身体，就算发生意外也可以尽快送到医院诊治。

③ **附近是否有广场或公园**。房子应该环境幽雅，最好是位于景区或公园附近，这样的环境有利于老年人修身养性。靠近公园，还有利于老年人锻炼身体。

④ **附近的衣食住行情况**。房子附近最好有银行、购物中心等配套场所，方便老年人就近购物。除此之外，交通条件也要好一些，这样可以方便老年人出行，也为子女和其他亲友探望提供良好的交通环境。

173 选购二手房时如何过滤不真实信息?

① 注意中介公司橱窗信息的时效性。

② 多实地看房,多与房主接触。

③ 绝不轻信售价明显过低的二手房销售信息。

④ 要认真研究同区域、同档次房型、房龄相近的房产价格。

⑤ 尽量选择那些口碑好、服务规范的中介公司为自己提供服务。

⑥ 通过网站收集二手房信息时,要关注相关信息的发布时间。

⑦ 认真查看二手房的产权,不选购那些产权上有纠纷的房产。

⑧ 认真检查二手房的质量,避免购买因质量差而价格低的二手房。

⑨ 考察二手房销售信息中房产优势的真实性,比如重点学校和完善的配套设施等。

174 如何考察二手房小区环境?

① **活动区域**。老人和孩子对小区内活动区域的要求是比较高的,不但要求实用、安全,还应具有一定的活动空间。大部分老旧的二手房小区都无法实现人车分流,这样的小区车辆停放凌乱,车辆在小区内任意穿行,这一点对于老人和孩子具有较大的危害。家里有老人和孩子的家庭在选择这类二手房房产时一定要慎重。

② **洁净度**。很多老旧的二手房小区物业管理理念比较落后,小区内的洁净度也不太理想,生活垃圾不能及时清理,路面不能及时清扫,宠物的粪便也比较多。

175 购买二手房有哪些禁忌？

① **完全不做产权调查**。很多人都知道产权调查是购买二手房的第一步，但是在具体操作上却没有几个人能够真正做到。其实，对二手房进行产权调查并不是一件困难的事。首先，二手房的产权分为商品房、公有房、产权限制房、房改房等很多种类，而在购买不同种类的二手房时政策是不一样的。其次，还要查清楚该房产是否存在抵押、查封、诉讼等问题，否则很容易产生纠纷。

② **轻信虚假报价**。二手房交易的最大水分就是价格的不透明。因此，在买房之前一定要对所要购买的房产有一个充分的了解，还要对同区域、同档次的二手房价格有充分的了解。最好是在购买某套房产之前走访一下距离该房产最近的、信誉好的大型中介公司，通常就可以得到一个比较合理的价格。千万不要轻信小中介公司以及网络上的虚假报价，让自己承受不应该有的损失。

③ **爱屋及乌**。很多人在看房时都容易犯这样一个错误——只关注某一方面而忽略了其他方面。比如遇到价格便宜、喜欢的复式结构，却忘记测量上下两层的层高；看中了小区的优美景观，却忘记了超高物业费给自己带来的压力等。这样的错误在选购二手房时是一定要避免的，购房者应该时时刻刻都保持冷静。

④ **急于下定**。有些购房者在还没有全面了解所购房产的情况下就急于交定金，这是很不明智的。因为按照合同约定，在大多数情况下定金是不会退的。所以，除非自己对房子的情况非常了解，否则不要急于下定。

第五章 房产交易

房产交易也叫房地产交易。房地产交易是房地产交易主体之间以房地产这种特殊商品作为交易对象所从事的市场交易活动。房产交易是一种极其专业的交易。房产交易的形式、种类很多，每一种交易都需要具备不同的条件，遵守不同的程序及办理相关手续。

176 买房一般的流程是什么？

① 核算家庭经济总收入，确定自己所要购买的房子的大概价格。

② 根据自己的实际情况选择适合自己的楼盘、户型，包括具体的面积。

③ 实地看房，这时要认真验看房地产开发商的"五证"和"二书"。

④ 认购，实地看房觉得房子没有问题后就要缴纳定金，签订认购书。

⑤ 签订购房合同以及补充协议。

⑥ 缴纳首付。

⑦ 到银行办理商业贷款。

⑧ 验收房屋并缴纳税费。

⑨ 装修并办理房产证。

⑩ 签订《物业管理协议》，缴纳物业费等相关费用。

177 什么是限购令？

"限购令"是指国家为了限制房价的上涨而出台的政策。涉及限购的内容有可能包括：限购区域应覆盖城市全部行政区域；限购住房类型应包括所有新建商品住房和二手住房；购房资格审查环节应前移至签订购房合同（认购）前；对拥有一套及以上住房的非当地户籍居民家庭、无法连续提供一定年限当地纳税证明或社会保险缴纳证明的非当地户籍居民家庭，要暂停在本行政区域内向其售房；对出售自有住房按规定应征收的个人所得税，通过税收征管、房屋登记等历史信息能核实房屋原值的，应依法严格按转让所得的20%计征。具体政策变化较大，建议读者可咨询当地的相关管理部门或房屋中介机构。

178 何时办理预售登记及转让？

登记	转让
办理预售登记对保护房屋买卖双方权益十分重要，对履约有所保障。只有办理完预售、预购登记后协议才生效。签订契约30日内，买卖双方应到房屋土地管理部门办理预售、预购登记手续。一般由房地产开发商统一办理，买卖双方也可以共同委托律师办理上述手续	买方如转让其预购的商品房，买方与转受人在预售契约上做背书。在背书签字之日后，双方持有关证件到房地产管理部门办理登记，在转让登记上签字

179 商品房预售需要具备哪些条件？

① 预售人已取得房地产开发资质证书、营业执照。

② 按照土地管理部门的有关规定交付土地使用权出让金，已取得土地使用权证书。

③ 持有建设工程规划许可证和建设工程施工许可证，并已办理建设工程质量和安全监督手续。

④ 已确定施工进度和竣工交付使用时间。

⑤ 七层以下的达到主体工程封顶；七层以上的，主体工程须建到工程预算投资总额的2/3以上层数。

⑥ 已在项目所在地商业银行开设商品房预售款专用账户。

⑦ 法律、法规规定的其他条件。

温馨小贴士

凡是在以市场地价取得的土地上兴建的商品房地产，在建筑竣工验收合格并办理房地产登记和领取了《房地产证》后，都可以直接公开发售。

180 如何查询所购买的房产是否取得预售许可证？

① **网站查询**。了解房地产项目是否已领取预售许可证。

② **直接查询**。直接向所购房产所在地的国土分局了解物业的预售批准情况。

③ **要求房地产开发商出示《房地产预售许可证》**。需要注意的是，有此证并不意味着全部楼盘都可以放心购买。对于某些分期开发建设的楼盘，开发主管部门会根据工程建设的具体情况，分期发放预售许可证。同时，亦有些预售许可证只对某一栋综合楼的某些楼层批准预售。

《房地产预售许可证》中已详细注明了可预售房地产的内容和范围，包括宗地号、项目名称、栋号、层数、用途、套数、面积等信息。在购买前必须认真核对所购买房产的栋号、楼层、名称等是否与许可证上注明的内容相符。

181 产权证办理的基本程序是什么？

① 买卖双方至产权登记部门，上交办理产权证的相关资料。不同性质房屋所需的资料不同，具体如下。

类型	内容
商品房	个人身份证、房屋登记申请表、购房证明书、商品房购销合同书（或预售合同书）、房屋分户平面图、缴款发票、交易鉴证文书
拆迁安置房	个人身份证、房屋登记表、房屋拆迁安置补偿结算单、房屋分户平面图、缴款发票

续表

类型	内容
单位新建房	法人资格证明（法人代码证明或营业执照、房屋登记申请表、建设项目批文、征地批文或用地许可证、征地红线图、建设许可证、建筑红线图、建筑设计防火审核意见书、竣工平面图、房屋总平面图、房屋分层平面图、竣工验收报告）
个人新建房屋	个人身份证、房屋登记申请表、建筑许可证、建筑红线图、建筑设计防火审核意见书

② 申请人上交资料后，房屋产权登记部门会开出收件收据，注明领证日期，领证日期一般距交件日期10天到3个月左右。

③ 产权登记部门将对所收资料进行审核，如发现申请人所交资料不全等特殊情况，会按房屋登记申请表上所留申请人电话通知申请人，并顺延办证时间。

182 房地产开发商是否"五证"俱全？

近年来，房地产项目不合法的投诉是一大热点，核实房地产开发商提供的资料，保证"五证"俱全，是挑选房屋时要特别关注的。

"五证"包括以下内容。

① 规划部门：《建设工程规划许可证》。

② 国土部门：《国有土地使用权证》《商品房销售（预售）许可证》。

③ 建设部门：《建设工程施工许可证》。

④ 城乡规划行政主管部门：《建设用地规划许可证》（证明房地产开发商已交纳了土地出让金，拥有产权保障）。

183 "五证"中购房者应重点审查哪些文件？

在"五证"中，最重要的是《国有土地使用权证》和《商品房销售（预售）许可证》，它表明所售房屋是合法项目。同时，购买期房时还要考查房地产开发商投入开发建设的资金是否已达到工程建设总投资的25%以上,其施工进度和竣工交付时间是否已确定。

根据我国有关土地法律、法规,房地产开发商依法取得国有土地使用权,是其从事商品房开发的根本条件。对于国有土地来说,取得的方式有两种。

① 通过政府划拨方式取得国有土地使用权。

② 通过出让或转让方式依法取得国有土地使用权。

为了明确房地产开发商的用地是否为出让土地,购房者应重点审查下列文件。

① 《国有土地使用权出让合同》或《国有土地使用权转让合同》。

② 《国有土地使用权证》。

③ 缴纳地价款的有关凭证。

184 "五证"中要特别注意哪些内容?

① **部门公章:** 正式的《国有土地使用权证》应同时加盖人民政府公章和房屋土地行政主管部门的公章。

② **加盖公章的类别:** 《国有土地使用权证》上应加盖"有偿土地使用证专用章";如果《国有土地使用权证》上加盖了"临时土地使用证专用章",则表明土地使用者未缴足地价款。

③ **真实性:** 《国有土地使用权证》不得擅自涂改。

④ **一致性:** 《国有土地使用权证》上载明的土地使用者应当和房地产开发商的名称相一致。

185 《商品房销售(预售)许可证》包括哪些内容?

① 预售许可证编号。

② 房地产开发商名称。

③ 项目名称、坐落地点。

④ 土地使用权出让合同号、地块编号。
⑤ 《房地产证》编号、栋数。
⑥ 批准预售的建筑面积,其中包含各类建筑面积和套数、间数。
⑦ 发证机关、有效期。
⑧ 销售范围。
⑨ 用途。
⑩ 附注内容等。

186 什么是认购书?

商品房的认购书是指购房者与房地产开发商签订的一份合同,而且它独立于正式的房屋买卖合同之外。它是在认购期间签订的协议书,通常出现在商品房预售等远期交付的房屋交易活动中,不同于房屋预售合同、买卖合同,它的作用仅仅是确定双方的买卖意向。

温馨小贴士

认购书不是购房过程中的一道必要的法律程序。在《民法典》中,认购书被看作是要约合同,虽然其约定的购买行为是有效的(具有法律效力),但是买卖双方仍然需要签订正式的购房合同。因此,最终的购房法律文本只有购房合同,就算是购房者不签认购书,房地产开发商也无权要求购房者签订。

187 怎样签订认购书?

在和房地产开发商沟通洽谈满意之后,购房者会到售楼处签订认购书,并交纳定金。在签订认购书前,作为销售方的房地产开发商应将《签约须知》及相关的宣传资料和文件交给购房者,并应实事求是地介绍项目的进展情况。购房者一定要认真阅读《签约须知》及相关的宣传资料和文件。认购书中应约定签订正式购房合同时,因条款达不成一致意见,卖方应退回定金。

188 买卖双方所签订的认购书的主要内容包括哪些方面？

① **买卖双方的信息：** 卖方，即房地产开发商名称、地址、电话；销售代理方名称、地址、电话；买方，即认购方名称或姓名、地址、电话、身份证件种类及号码、代理人名称、地址、电话。

② **认购房产：** 认购房产的楼层、户型、房号、面积。认购方委托代理人代为办理签约手续的，代理人需出示认购方亲自授权的委托书并携带本人身份证方可替认购方代办各种手续。

③ **价格：** 房价、户型、面积、单位价格（币种）、总价。

④ **付款方式：** 一次付款、分期付款、按揭付款。

⑤ **认购条件：** 签订认购书应注意的事项、定金、签订正式契约的时间、付款地点、账户、签约地点等。

189 签完认购书后，还需要签订合同吗？

购房者在售楼处签订认购书后，应在规定的时间内到售楼处签订正式买卖合同。合同规定买卖双方的权利和义务。每个购房人花巨资购买房产，要对合同的每一条进行审查、询问。在订立商品房买卖合同之前，房地产开发商还应当向买受人明示《商品房销售管理办法》和《商品房买卖合同示范文本》，买卖双方对《商品房买卖合同示范文本》的补充部分要格外重视。

190 购房网上签约的流程是什么？

① **认购：** 交定金签订认购书，查询房地产开发商的相关信息，主要是看一下所要购买房屋的产权是否清晰。

② **签约：** 确认房屋的产权清晰后，与房地产开发商约定时间签《商品房买卖合同》，签订合同之前一定要做到对合同条款没有疑义，然后再进行网上签约。

③ **保存：** 买卖双方如果确认合同条款不需要修改，就可以保存合同。在进行这一步骤时，购房者需要设置购房密码。合同签订保存后，可进行打印。

④ **备案：** 提交备案，双方签字。

191 购房时需要明确哪些主要内容？

位置、面积、土地用途，出让地价款（包括土地出让金和市政基础设施配套建设费）的数额及缴纳情况，投资开发的期限，土地使用和规划条件。

192 购房时交定金要注意什么？

根据《中华人民共和国民法典》有关规定："当事人在签订正式的房地产买卖、租赁等合同前，又订立《意向书》《预订书》等的，如确系双方真实意思表示，权利义务内容不违反现行法律、法规的，该《意向书》《预订书》等对双方均有约束力。"购房者签订《房屋认购书》与签订正式合同同样须谨慎。

① **确认房产的资质。**《预售合同》有规范文本,但《房屋认购书》条款较简单,有些房地产开发商可能利用《认购书》中未必要写明《预售许可证》等资质情况,来规避法律责任,购房者不可忽视这一点。

② **具体基本生效条款**。尽管并没有明确的法律规定《认购书》中必须写明哪些条款,但从法律原则上讲,既然是有约束力的意向书,至少对双方达成一致的基本内容,尤其是达成意向的房屋位置、面积、单价、总价、交付时间、生效条件等必须有明确的约定。

③ **内容合法**。形式上虽无限制规定,双方可以就违约责任等达成一致的意思表示,但这些意思表示都必须在合法的前提下达成,定金、违约金的约定同样不可超出法律法规限定的范围。

193 购房者在订立定金条款时,应怎样把握?

① 定金条款并不具有强制性,它仅是指导性的,购房者可以依法自主决定是否订立定金条款。

② 应当在定金条款中注明不履行合同的具体情况。

③ 虽然已订立了定金条款,但只有购房者在交付了定金后合同才生效。

④ 要分清定金和预付款的区别，预付款是预先支付的，但预付款不能适用定金的罚则。

⑤ 谨防有的房地产开发商利用购房者缺乏相应的购房知识和经验，在某些条款内容上设下陷阱，故意让购房者违约。

194 定金和订金在法律上有什么区别？

类别	性质
定金	指在订立房屋买卖合同时，为了保证合同的正常履行，由购房者先行向房地产开发商缴纳部分款项，等到合同履行之后，定金应当退回给购房者或是充当房款 购房者如果不履行合同就无权取回定金，房地产开发商如果不履行合同，则应当双倍返还定金。定金应当以书面形式约定，而且定金的数额不能超过合同标的额的20%
订金	指购房者与房地产开发商就房屋买卖的意向达成初步协议后，准备进一步协商所签订的临时认购协议中约定的落订款项 购房者支付订金之后，在约定的时间内，卖方不得再将房屋出售给其他人。订金对合同没有担保作用，就是违反合同也不会遭受惩罚，它可以全额退还给购房者

195. 套内建筑面积售房与建筑面积售房的内容分别是什么？有何异同？

类别	内容
套内建筑面积售房	实际上是以套内建筑面积为交易面积，按套内建筑面积计算房价，其应分摊的公用建筑面积的建设费用计入套内建筑面积销售单价内，不再另行计价 同时在购房合同中记载该商品房项目的总公用建筑面积及本单元或整层应分摊的公用建筑面积，其权属属于各产权主共同所有，任何单位和个人不得独自占用
建筑面积售房	实际是以套内建筑面积与分摊公用建筑面积之和作为交易面积，按建筑面积计算房价 由于分摊的公用建筑面积的存在，使售房面积复杂化、专业化，非房产测绘专业技术人员无法弄清"分摊的公用建筑面积"的合理性和准确性，购房者不能直观了解自己究竟购买了多大的房屋

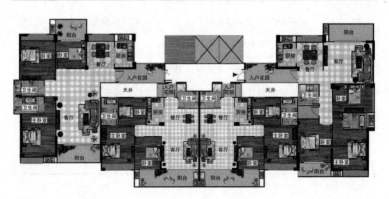

196 实行套内建筑面积售房时物业管理费收取是否会改变？

物业管理费标准是按建筑面积制定的，物业管理部门按建筑面积收取物业管理费，实行套内建筑面积售房，售房合同及房产证上注有建筑面积，因此物业管理费收取没有改变。

197 如何进行房屋买卖公证？

① **申请与受理**。合同当事人向公证机关提出办理公证申请，填写公证申请书，并提供有关材料。公证机关根据当事人的申请做出是否接受办理的决定。

② **审查**。公证机关（公证员）对当事人进行询问，审查相关材料，进行其他相关调查，审查公证对象的真实性、合法性。

③ **出具公证文书**。公证机关根据审查结果，决定是否出具公证书。公证书包括当事人的基本情况、公证证词、公证员签名、公证机关（公证处）盖章、出证日期等。

198 公证所需的有关资料有哪些？

① 当事人的身份证明，如法人营业执照，法定代表人身份证明、护照、（港、澳、台同胞）回乡证等，港澳办、台办、侨办出具的身份证明，委托书及代理人身份证明。

② 房地产权证或国有土地使用证（期房）。

③ 内（外）销商品房预售许可证（期房）。

④ 建设工程规划许可证（期房）。

⑤ 房地产权证或房屋所有权证和国有土地使用证（现房）。

⑥ 内（外）销商品房预售（出售）合同（商品房首次交易）或房屋买卖合同（二手房交易）。

⑦ 国家机关、团体、国有企业应提供上级主管部门批准购房的书面证明，事业单位需提供上级主管部门同意购房的书面证明，集体企业应提供职工代表大会同意购房的决议，有限责任公司和股份有限公司应提供董事会同意购房的决议。

⑧ 付款凭证。

⑨ 原来的购房合同，契税凭证（二手房）。

⑩ 其他应提供的材料。

199 房产公证如何收费？

证明房屋转让、买卖的，一般按标的分段累加收取，分段如下。

分段	价格
50万元以下部分	收取比例为0.3%，最低不得低于200元
50万～500万元部分	收取比例为0.25%
500万～1000万元部分	收取比例为0.2%
1000万～2000万元部分	收取比例为0.15%
2000万～5000万元部分	收取比例为0.1%
5000万～1亿元部分	收取比例为0.05%
个人住房贷款申请资信审查	按贷款额的0.4%收取

注：各地公证处都有优惠措施，房地产开发商可与公证处洽谈优惠措施。

200 委托中介公司买房要注意什么？

① 先了解一下适合自己的选房地段。

② 认真核算出自己可以用于购房的资金量。

③ 确定全款或是贷款的购房方式。

④ 根据自己或是家庭的实际需要去确定所购住房的种类。

⑤ 向中介公司说明所购住房的使用面积。

⑥ 提出对房产朝向、户型格局的要求。

⑦ 限定购房的最高价位。

⑧ 告诉中介公司自己合适的看房时间。

⑨ 询问中介公司服务费的收取比例。

⑩ 适当砍价，在购房前把中介费的比例确定下来。

201 委托中介公司卖房要注意什么？

① **要求中介公司上门看房。** 要求中介公司上门了解一下房产的位置、楼层、朝向以及房内的装修情况和具体格局，方便为业主推荐更加合适的购房者。

② **细谈要求。** 在中介公司进行房源登记时，让房源登记人员了解转让价格、付款方式、出售底价以及看房时间等。

③ **配合看房。** 不配合买家看房就会放慢房产出售的节奏。如果多次拒绝买家上门看房，就很有可能让中介公司在房产备注栏中标明为没有诚意的售房者。

202 何时办理入住？

在购房者入住前，房地产开发商要统一审查其付款情况，确认无误后再签收房屋交接验收单。同时安排签订物业管理合同。合同中有接受物业管理公司管理的条款。所以入住前，必须安排买方与物业管理公司签订物业管理合同，交纳物业管理费用。需特别强调的是，签收房屋后，视为购房者接受房屋，在房地产开发商未完成竣工验收或房屋质量有问题时，均可拒绝签收。

203 新房入住手续应该怎样办理？

① 填写房款结算单。

② 在房地产开发商负有延期交房等违约责任时，要填写违约金结算单。

③ 以房款结算单和违约金结算单作为依据对相关费用进行审核、结算。

④ 如果有需要，可以到产权代办公司签署代办协议、提供代办文件、缴纳代办费用。

⑤ 领取《房屋质量保证书》和《房屋使用说明书》。

⑥ 签订物业协议、供暖协议、停车位使用协议，填写业主登记表。

⑦ 缴纳物业费、供暖费、车位使用费。

⑧ 缴纳契税、公共维修基金等费用。

⑨ 领取水卡、电卡。

⑩ 由工程部人员陪同验房。

⑪ 领取单元门卡、车位钥匙、房间钥匙。

204 新房买卖的陷阱有哪些？

① **拖着不办房产证：** 有些房地产开发商在业主买房的时候承诺3个月内办理好房产证，但实际情况是一直找理由推脱，有的甚至好几年房产证都没有办下来。

② **虚假广告：** 有的房地产开发商会设计一些精美的宣传资料，做很多虚假宣传，以此吸引购房者。有的房地产开发商甚至还会利用样板房欺骗购房者，结果实际交房时却和广告上所宣传的内容或是样板房的规格相差千里。

③ **房地产开发商利用购房合同的空白处做手脚：** 购房合同中会有一些空白的地方留着填写合同的补充条款。某些房地产开发商就会利用这些空白的地方做手脚。

④ **配套设施不到位：** 宣传的时候房子是完美无缺的，但是当购房者领到房子的时候才发现很多配套设施都不到位，严重地影响生活质量。

⑤ **房地产开发商收到首付款后就卷钱而逃：** 在购房前，一定要对房地产开发商的实际情况认真了解，选择一家信誉好、实力雄厚的房地产开发商。

⑥ **物业管理方面的陷阱：** 物业管理方面的陷阱主要有两种情况：一种是房地产开发商会强迫业主接受其指定的物业管理公司；另外一种是房地产开发商在一段时间后会悄悄更换物业管理公司，以次充好。签订合同时要明确业主在选择物业管理方面的权利，不接受房地产开发商无理的附加条件。

⑦ **内部认购的房子：** 这样的房子可能是房地产开发商在还没有取得《商品房预售许可证》的情况下销售的，根本就不受法律保护，购房者的权益也没有办法得到保障。

205 办理首次购房调档的流程是什么?

① 产权人需要拿着自己的身份证原件和复印件到现场办理。

② 交易所出具受理单。

③ 3个工作日后本人凭身份证原件到原窗口领取税单。

④ 交费、盖章。

⑤ 本人凭身份证到原窗口领取首次购房证明。

206 房屋所有权初始登记需要准备哪些材料?

① 登记申请书,原件。

② 申请人(代理人)身份证明,原件和复印件。

③ 国有土地使用证,原件和复印件。

④ 建设工程符合规划的证明,原件或经确认的复印件。

⑤ 房屋已竣工的证明,原件或经确认的复印件(质检合格证或竣工验收备案表或质监部门出具的房屋已竣工的证明,个人自建房屋需提交建设单位出具的房屋竣工证明)。

⑥ 房屋测绘报告,原件或经确认的复印件(属于建筑物区分所有权的,还需提交房屋面积界定报告)。

⑦ 房屋地址证明,原件或经确认的复印件(民政部门出具的房屋地址证明)。

⑧ 经济适用房、单位集资房、廉租房、公租房等房屋还需提交发改委或军区的立项计划和省或市或军区房改办的批文,原件或经确认的复印件。

⑨ 属合作修建（联建）建筑工程的，还需提交合作（联建）协议和产权分割清单。

⑩ 住宅专项维修资金建账证明，原件。

温馨小贴士

需要注意的是，初始登记时，应当对建筑区划内依法属于全体业主所共有的公共场所、公用设施和物业服务用房等房屋一并申请登记，由房屋登记机构在房屋登记簿上予以记载，并颁发房屋权属证书。

207 房屋登记的程序怎样办理？

① **申请**。申请人应当向房屋所在地的房屋登记机构提出申请，并提交登记材料。登记材料应当尽量提供原件，不得隐瞒真实情况或是提供虚假材料。

委托代理人申请房屋登记的，代理人应当提交授权委托书和身份证明。境外申请人委托代理人申请房屋登记的，其授权委托书应该按照国家有关规定办理公证或是认证。

② **受理**。申请人提交的申请登记材料齐全而且符合法定形式的，登记机关应当予以受理，并出具书面凭证。

③ **审核**。房屋登记机关应当对申请登记材料进行查验，并根据不同的登记申请就申请登记事项是否为申请人的真实意思表示、申请登记房屋是否为共有房屋、房屋登记簿所记载的权利人是否同意更正，以及申请登记材料中需要进一步明确的其他有关事项询问申请人。询问的结果应当经申请人签字确认，并归档保留。

④ **记载于登记簿**。登记申请符合条件的,房屋登记机构应当予以登记,并将申请登记事项记载于房屋登记簿。登记申请不符合条件的,房屋登记机构不予登记,并要书面告知申请人不予登记的原因。

⑤ **发放房屋权属证书**。房屋登记机构应当根据房屋登记簿的记载,向权利人发放房屋权属证书。房屋权属证书是权利人享有房屋权利的证明,包括《房屋所有权证》《房屋他项权证》(是房屋产权登记机关颁发给抵押权人或是典权人等他项权利人的法定凭证)等。申请登记房屋为共有房屋的,房屋登记机构应当在房屋所有权证上注明"共有"字样。

208 什么情况下当事人可以申请房屋所有权转移登记?

房屋所有权转移是指新建商品房、公房买卖,私房买卖、互换,离婚析产房屋,赠与、分割、合并房屋,继承、遗赠的房

屋,司法协助,企业改制房屋,拍卖房屋,房屋投资入股,划拨的房屋,房改售房,房改房转移等。

根据《房屋登记办法》的规定,发生下列情形之一的,当事人应当在有关法律文件生效或者事实发生后申请房屋所有权转移登记:

① 房屋发生买卖;

② 与他人互换房屋;

③ 将房屋赠与他人；

④ 房屋分割、合并，导致房屋所有权发生转移的；

⑤ 以房屋出资入股；

⑥ 法人或是其他组织分立、合并，导致房屋所有权发生转移的；

⑦ 继承或是受遗赠；

⑧ 法律、法规规定的其他情形。

209 申请房屋所有权转移登记应提交什么材料？

申请人应当提交下列材料，并对申请材料的真实性负责：

① 登记申请书；

② 申请人、代理人身份证明材料、授权委托书；

③ 相关的不动产权属来源证明材料、登记原因证明文件、不动产权属证书；

④ 不动产界址、空间界限、面积等材料；

⑤ 与他人利害关系的说明材料；

⑥ 法律、行政法规以及本条例实施细则规定的其他材料。

不动产登记机构应当在办公场所和门户网站公开申请登记所需材料目录和示范文本等信息。

210 购买一手商品房和拆迁房需要准备哪些材料？

办理购买一手商品房产权手续时应提供：

① 购房登记申请表；

② 统一不动产发票;

③ 商品房买卖合同;

④ 购房者身份证原件以及复印件;

⑤ 公共设施维修基金交款单据。

办理购买拆迁房手续时应提供:

① 拆迁协议书;

② 房屋拆迁产权交换证明书;

③ 房屋分户平面图;

④ 原房屋产权注销通知书;

⑤ 缴款凭证;

⑥ 房屋拆迁安置补偿结算单。

> **温馨小贴士**
>
> 如果房屋的产权已经抵押给银行,那么在产权受理时还应该提供银行盖章的《预购商品房抵押权预告登记转房屋抵押权登记申请报告》,简称《期房转现房申请表》。

211 办理一手商品房产权证的流程是什么?

根据国家相关法律规定,办理一手商品房产权证的流程是:

① 到房地产开发商处开具购房登记申请表和统一不动产发票;

② 如果房产存在抵押,还要到银行开具一份《预购商品房抵押权预告登记转房屋抵押权登记申请报告》;

③ 缴纳公共维修基金;

④ 办理产权证受理。

212 单位购房产权过户需要准备哪些资料？

① 企业营业执照。

② 企业代码证。

③ 买卖契约。

④ 申请表。

⑤ 企业法人代表身份证复印件。

> **温馨小贴士**
>
> 以上文件材料都需要加盖公章以及法人章。此外，还需要提供授权委托书、受托人身份证原件。单位购房的付款方式仅限于一次性付款。

213 外籍人士如何办理产权过户手续？

外籍人士购买商品房需要提供申请人的身份证明、护照、财产证明等，其证明身份、收入来源的文件均须由中国驻所在国使、领馆出具《认证书》。

① 若单位购买私房，还需提交单位法人或其他组织资格证明（营业执照或组织机构代码）原件及复印件（加盖公章），单位法定代表人办证委托书（收件窗口领取），受托人身份证原件及复印件。

② 若非住宅转移，还需提交土地使用权证书。

③ 若当事人不能亲自办理，需出具委托书或公证书，受委托人需出具身份证原件及复印件。

④ 房屋若已出租，且承购人非承租人的，需提交承租人放弃优先购买权证明。

⑤ 若有共有权人，需出具共有权人同意出售证明和共有权证书。

⑥ 若经法院判决的，需出具法院判决和协助执行通知书。

去交易中心办理过户手续，带上房产证原件及复印件，身份证原件及复印件。去办理过户手续需要原房主夫妻双方到场：带上身份证、户口本、房产证、契证、结婚证（单身的需要单身证明）。外籍人士只要带上身份证就可以申请房屋所有权转移登记，应当由外籍人士和原房主一起提交下列材料。

① 登记申请书。

② 申请人身份证明。

③ 房屋所有权证书或者房地产权证书。

④ 证明房屋所有权发生转移的材料。

⑤ 其他必要材料。

214 单位房可以出售吗？

① 单位房的产权是全部房屋产权的，产权人可以对房屋任意进行买卖，不需要征求任何人的意见。单位房的产权是部分房屋产权的，进行房产交易的时候，需要向单位申请进行房屋买卖，单位同意进行再次出售的房屋，产权人才可以进行房产交易。

② 在单位房进行房产交易的时候，需要先查看一下当时签订的房屋合同，看看房屋是否有出售的时间限制以及其他情况。合同内没有什么问题或是已经达到要求的，此类单位房是可以进行房产交易的。

③ 在单位房进行房产交易的时候，要查看一下是否有国有土地使用证，按照严格的规定来说是不可以出售没有国有土地使用证的房屋的。

④ 单位房进行房产交易的时候，国有土地使用证的性质也是决定房产交易的关键因素，集体土地建设的房屋是不能进行房产

交易的，即便是签订了购房合同也是无效的。只有国有土地建设的房屋才能进行房产交易。

⑤ 单位房需要经过单位同意才可以进行出售，房屋再次出售的时候，单位有优先购买的权利。单位房之前是出租的，租赁房屋的人有优先购买房屋的权利，这要看房屋的所属单位是否同意出售。单位房产权确定以后，单位房就可以进行房产买卖，或是按照合同约定等待一段时间再进行买卖。单位房可以买卖与否，单位的意见也是一部分决定因素，而且单位有优先购买的权利。

215 怎样辨别不动产权证的真假？

① **封皮**。不动产权证的封面统一为暗红色，封面名称为《中华人民共和国不动产权证书》。

② **纸张**。真的不动产权证的内页及证明的纸张内嵌多根防伪纤维，在紫色荧光灯照射下可见，在不同波长光交替照射下，纤维会出现颜色交替变化。封面内页盖有印花税章、激光防伪标签；扉页盖登记机构防伪原子印章、印有自然资源部统一编号。

③ **内页信息**。不动产权证书内页信息包括权利人、共有情况、坐落、不动产单元号、权利类型、权利性质、用途、面积、使用年限、权利其他状况、附记。

④ **安全线**。在不动产权证书的最后一页我们会看到一条嵌入纸张的安全线。从不同角度观察，会呈现不同的颜色变化。透光安全线上刻有"不动产权证书BDCQZS"字样，非常直观。平时使用的纸钞上也有类似的防伪安全线。

⑤ **建房注册号**。真不动产权证封皮反面下方的建房注册号是机器印制的，呈线状，手摸起来有凹凸感。假不动产权证的建房注册号是用手工雕刻的章盖上去的，摸起来没有凹凸感。

⑥ **附记**。真不动产权证第三页附记一栏中的内容包括产权来源和分摊面积等,而假不动产权证中的附记有些为空白。

⑦ **图纸**。真不动产权证中的房屋分户图纸采用的是专用纸,纸张比较厚;假不动产权证的图纸很薄,类似一般A4纸的厚度。

216 房屋所有权证出现错误信息怎样更正?

当房屋所有权证中的相关信息出现错误时,首先要确认究竟是哪方面的信息出现了错误,通常是先到档案馆调档,确认档案与产权证中的信息是否相同。

如果档案中记录的信息是正确的,只是制证时出现了错误,那么只需要在调档后拿着有错误信息的不动产权证以及产权人的身份证,到交易所办理更正手续即可;如果档案中的信息和不动产权证中的错误信息是一样的,那产权人就要到相关部门开具证明。

217 不动产权证中如何增加配偶的名字?

如果想在不动产权证中增加配偶的名字,那就需要提供夫妻双方的身份证、户口本、结婚证、原不动产权证书以及可能需要的其他相关材料。并需要夫妻双方共同到场,审核确认无误后,会进行权属变更登记。

218 房屋所有权证丢失是否可以补办?

根据国家相关法律规定,如果房主不慎丢失房屋所有权证,是可以补办的。

① **申请遗失登报手续**。申请人首先到房屋交易主管部门提交申请,说明房屋所有权证丢失或损毁的真实情况,主管部门审

核通过后开具登报遗失证明。申请人持该证明办理登报遗失手续。

② **申请补办手续**。报纸登载遗失声明6个月后,申请人携带相关证件再到交易主管部门办理补发房屋所有权证的手续并领取重新补发的房屋所有权证。

219 不动产权证补办需要哪些材料?

① 书面申请书原件。

② 申请人身份证明。

③ 原售房单位出具的已领证说明原件(房改房,登记部门可以确认申请人已领取证书的除外)。

④ 已设定他项权利或预告登记的,应出具权利人提供同意办理遗失登记的书面证明原件。

⑤ 婚姻状况证明:如果涉及夫妻共同财产,需要提供婚姻状况证明。

⑥ 刊登《证书遗失声明》的报纸原件。

⑦ 登记部门提供房屋登记表、房产平面图(申请人确认)。

⑧ 授权委托书:如果委托他人代为办理,需要提供授权委托书及代理人的身份证明。

220 不动产权证丢失后补办,是否需要收费?

不动产权证丢失后,补办确实需要支付一定的费用。补办不动产权证书本身不收取登记费,但会按照相关规定收取一定的工本费,用于制作新的产权证书。此外,补办不动产权证还可能涉及登报费用,但这一费用因各地房管局指定的报纸不同而有所差别。

但是具体的费用可能因地区和具体情况而有所不同。因此,在补办前,建议您先咨询当地的不动产登记机构或相关部门,以获取准确的信息和指导。

221 没有房屋所有权证,怎样办理落户手续?

办理时需要提交以下材料:商品房买卖合同原件、房地产开发商开具的统一不动产发票原件(办房屋所有权证时需要提供的发票)、身份证原件,而且本人必须到场。办理时间是2个工作日,领取《产权备案证明》之后,在落户时需要当地的片警签字。

222 未成年人可以买房吗?

根据国家相关法律规定,未成年人是可以买房的。未成年人在办理房产交易时,其监护人(父亲和母亲都可以)要到场,需要提供未成年人户口本、监护人的身份证明、监护人与产权人(未成年人)的关系证明(当地派出所出具的关系证明或是可明确体现母子或父子关系的户口本)。

223 未成年人可以出售房产吗?

根据国家相关法律的规定,未成年人是可以出售房产的。但其在出售房产时,自己(产权人)的监护人必须到场,还需要提供监护人双方的身份证、婚姻关系证明、产权人(未成年人)的出生证明、户口本,并书面出具具结书。

224 以他人名义买房产权归谁?

通过他人名义购买的住房,应该归不动产权证的权利人所有。也就是说,不动产权证上写着谁的名字,房子就是谁的。因为不动产权证是权利人拥有房屋所有权以及土地使用权、经营权和处分权的凭证。依法登记的房屋产权受到法律的保护,登记记载的权利人为法律认可的真正权利人。就算事实上不是真正的权利人,但是法律上仍然认可其为权利人。

第六章 购房合同

购房合同是根据《中华人民共和国民法典》《中华人民共和国城市房地产管理法》及其他有关法律、法规的规定，买受人和房地产开发商，在平等、自愿、协商一致的基础上就买卖商品房达成的协议。在签订购房合同时要认真阅读其内容，并提前了解购房合同的相关知识，以防出现麻烦。

225 什么时候用预售合同?

在销售尚未竣工交付使用但已取得《房地产预售许可证》的房地产时,使用预售合同;《房地产预售许可证》上标明的有效期是该预售房地产的预售期限。

226 什么时候用现售合同?

当房地产已经竣工验收合格,可以交付使用并办理了初始登记时,使用现售合同;当有效期到期,而该项目房地产的销售又不符合上述使用现售合同的条件时,房地产开发商需重新申请领取新的预售许可证,方可继续销售。

227 合同有没有建筑及装修质量标准的细则?

投资者因为购买的是期房,而不是现房,所以买房时看到的是图纸。

建成后,外墙是什么材料、什么颜色,内墙是纸筋灰还是已刷好涂料等,如果只凭房地产开发商的说法,是难以成为买卖双方约定的受法律保护的内容的。房屋建成后的面积与其图纸面积完全一样的情况,是不多见的。前者比后者大,需补钱还好说;后者比前者大,合同上又没有约定,让房地产开发商往回退钱则比较麻烦。如果合同上没有具体的装修标准,很可能购房者接收入住时收到的只是一个毛坯房。

228 合同有没有对附属配套设施的有效制约条款？

一般来说，凡出售公寓小区或别墅小区的住房，房地产开发商都许诺有若干配套设施，如健身俱乐部、网球场、游泳池等。如果楼盘出售情况不好，这些配套设施往往会遥遥无期。如果合同中没有对此种情况规定有效的制约条款，购房者很难处理好这件事情。

229 合同有没有规定房地产开发商延期交房的具体罚则？

楼房建造过程中可能会遇到很多不可预见的困难，如资金、材料、施工等问题，从而延误交工的日期。对此没有具体的处罚条例，不仅可能打乱购房者的计划，而且侵犯了购房者的合法权益。因此，购房者有权获得经济上的补偿。这类条款应当是购买期房合同中的必备条款。

230 合同中有关房屋面积方面的条款有哪些？

购房者在签订购买现房合同时在此条款中要写明建筑面积，建筑面积中含共用面积的组成部分及具体面积（平方米）、使用面积（平方米）、建筑面积与使用面积的比例。

另外，所购楼房的楼号、房号、单元在整幢楼中的位置示意图、单元的平面图也应在合同中写明或作为附件。

231 合同中关于价格、收费、付款额方面的条款有哪些？

在一般合同中，价格条款应该是比较明确的，主要是每平方米多少元钱。房地产开发商要求购房者付出的各种款项、税费，购房者都可要求售房方出示有关的规定和证明文件。

温馨小贴士

对于一些不合理的缺少依据的收费，如房地产开发商聘请律师的费用、委托中介费、银行手续费等，购房者有权拒付。

232 在合同中，对于有关房屋质量的条款，容易产生纠纷的地方有哪些？

购房者在签合同时一定要详细地把质量要求写进合同，如：

① 卧室、厨房、卫生间的装修标准、等级；

② 建材配备清单、等级，屋内设备清单；

③ 水、电、气、管线通畅，门、窗、家具无瑕疵；

④ 房屋抗震等级；

⑤ 房屋上下及内外的质量要求；

⑥ 房屋的保质期、附属设备等。

233 一般承担违约责任的违约事项包括哪些？

① 购房者不按期交款。

② 房地产开发商不按期交房。

③ 面积变动超过约定幅度。

④ 房屋装修标准、质量不符合要求，保修不到位。

⑤ 产权过户手续不全或不能按期办理。

⑥ 公共设施不到位。

⑦ 宣传或广告承诺不兑现。

234 怎样正确认识预售合同中房地产开发商制定的格式文本？

格式条款具有下列情形的，或者提供格式条款一方免除责任、加重对方责任、排除对方主要权利的，该条款无效：

① 一方以欺诈、胁迫的手段订立合同，损害国家利益；

② 恶意串通，损害国家、集体或者第三方的利益；

③ 以合法形式掩盖非法目的；

④ 损害社会公共利益；

⑤ 违反法律、行政法规的强制性规定；

⑥ 造成对方人身伤害而免除其责任的；

⑦ 因故意或者重大过失造成对方财产损失而免除责任的。

235 补充协议的各条款如何签？

在签订补充协议时，最好与房地产开发商就以下事项进行约定。

① **写明情况：** 应该在补充协议中写明"本补充条款的内容，如与法规政策抵触的，一律以法规政策为准。"

② **对批文的真实性负责：** 要让房地产开发商对其主体资格及相应批准文件的真实性做出承诺，如果有作假的情况，按违约处理，买受人有权提出退房，出卖人退还所有已交房款（包括定金），并且支付违约金。

③ **明确土地使用情况：** 要让房地产开发商对所售物业及其相应土地面积未设定抵押、留置权做出承诺。购房者要求房地

产开发商证实土地使用权是否抵押、出租、转让等情况。如其不能如实拿出有关证明或尚未处理好,则应当慎重。

④ 确定产权证取得时间: 要在合同中明确提出产权证的发放准确时间。目前,由于各方面的因素,产权证发放比较慢,但也应注明一个合适的日期。房地产开发商不能无限期地拖发产权证。

⑤ 付款方式的确定: 如购房人选择按揭贷款,则应约定若按揭不成,购房人采取的付款方式及具体处理方法。例如写明若非因买受人主观原因造成不能贷款,出卖人应返还所有已付房款(包括定金)。

⑥ 补充法律内容: 要补充一些合同文本中未提及的税务和权利问题。

⑦ 补充修改的事项: 添加一些与正式契约不一致的合同变更、解除条件及其他当事人双方认为应当约定的事项。

236 房地产开发商不让签补充条款怎么办?

商品房买卖合同应是买卖双方平等自愿订立的合同。对于房地产开发商不同意购房者在合同中签订补充条款的行为,购房者完全可以不购买其开发的房屋。但因为有些购房者在交纳定金时,未与房地产开发商在认购书中做出"如因商品房买卖合同条款双方不能达成一致时,购房者有权退房,房地产开发商应将定金全额退还"的约定,购房者在交纳定金后,房地产开发商不同意购房者在合同中签订补充条款时,购房者往往比较被动。

> **温馨小贴士**
>
> 因此,建议购房者在交纳定金前,要求房地产开发商出示商品房买卖合同文本,并与房地产开发商协商修改条款或补充条款的事宜,在商品房买卖合同条款及其补充协议达成一致意见后再交定金,或者在交纳定金时在认购书中与房地产开发商做出上述约定。

237 购房合同有哪些公证须知？

由于一些购房合同需要公证，所以购房者需要了解什么是公证、哪些合同需要公证、如何进行公证以及公证所需的有关资料和费用。

所谓公证是指国家公证机关根据当事人的申请，依据法定程序对其法律行为，或有法律意义的文书和事实，确认其真实性和合法性的一种证明活动。其目的是保护有关当事人的权利和合法利益，尽可能地避免纠纷，减少诉讼。

238 在签订合同时应注意哪些事项？

① **项目证件是否齐全：**在签订合同之前，一定要确定该项目的证件齐全，这是能否办理房产证的关键。

② **取得房产证的时间：**要在合同中写清楚取得房产证的具体期限。此外，还要在合同中写清楚如果到期没有拿到房产证，则房地产开发商违约，业主有权要求房地产开发商退还已经缴纳的房款并赔偿相关费用。在合同中要写清楚所购房屋的质量保证。

③ **文本是否标准：**一定要采用房地产管理部门统一印制的标准房屋买卖合同文本，并按照文本中所列条款逐条逐项填写。

④ **合同双方的权利是否对等：**签合同时，需要注意看一下合同所填写的双方的权利和义务是否对等。有些房地产开发商的合同文本事先已经填好，有时候甚至连"补充协议"都已经填好。这种事先填好的合同文本大都存在着权利和义务不平等的情况。购房者一旦发现这种情况，应马上提出自己的意见，不能草率行事。

⑤ **面积差异的后续处理：**应当在"面积差异处理"条款中明确面积发生误差时的处理方式。只有在合同中对面积差异有了详尽的约定后，才能避免上当。

⑥ **相关约定：** 应该在合同中对付款的数额、期限、方式以及违约责任等做出约定。此外，还要对具体的交房日期做出约定，一定要将交房日期明白无误地规定为"某年某月某日"前，并注明房地产开发商不能按时交房所需要承担的责任。房屋的档次和装修标准一般采用附件形式附在购房合同之后，内容的表述一定要详细、具体，如技术的等级、材料的品牌、内部设施的种类、负荷标准、供应能力等要——予以说明。水、暖、电、通信等设施要说明安装到什么程度。

⑦ **法律保护：** 在签订购房合同时，最好请律师或是行家从法律的角度代为审查合同文本，以减少一些不必要的损失。

239 新房购房合同包括哪些内容？

① **房地产开发商土地使用依据以及商品房状况：** 包括位置、面积、现房、期房等。

② **付款约定：** 主要包括优惠条件、付款时间、付款额、违约责任等。

③ **房价：** 包括税费、面积差异的处理、价格与费用调整的特殊约定等。

④ **支付约定：** 包括具体的期限、逾期违约责任、设计变更的约定、房屋交接与违约责任等。

⑤ 产权登记和物业管理的约定。

⑥ 保修责任。

⑦ **质量标准：** 包括装饰、设备的标准、承诺以及违约责任，基础设施、公共配套建筑正常运转的承诺、质量争议的处理等。

⑧ 乙方的使用权限。

⑨ 双方认定的争议仲裁机构。

⑩ 违约赔偿责任。

⑪ **其他相关事项以及附件：** 包括房屋平面图、装饰、设备标准等。

240 合同签订后，房屋就属于买方了吗？

根据我国《民法典》的规定，房屋买卖如果没有在房产登记的主管机关进行登记，买方就不能取得房屋的所有权。如果没有进行登记，就算是已经钱房两清，但在法律上房屋还是属于卖方所有。因此，房屋买卖只有依法进行登记，房屋的所有权才能真正归买方所有。

241 签订"阴阳合同"有何坏处？

阴阳合同就是当事人就同一事项订立两份以上的内容不相同的合同，一份对内，一份对外。其中，对外的一份只是给税务机关看的，这样做是为了逃避政策监管、逃避国家税收；对内的一份合同才是双方真实意思的表示。

签订这样的合同是一种违规行为，它会让守法者比违法者承担更多的税负，很不公平。它在给当事人带来非正当利益的同时，也会给当事人带来一定的风险和危害，具体如下。

① **虚假合同导致双方受损。** 有的买方在按照虚假合同金额支付给卖方购房款后，就要求卖方办理产权过户手续，并诉诸法庭，导致卖方的实际利益受损；而买方在再次转让该房产时也会因为扣除成本减少，导致税负增加。

② **当事人或许会面临罚款甚至是刑罚。** 根据我国《税收征收管理法》的规定，纳税人采取虚假的手段不缴或是少缴应纳税款的，属于偷税行为，由税务机关追缴其不缴或是少缴的税款，并处以不缴或少缴的税款5倍以下的罚款。

我国《刑法》还规定，纳税人采取欺骗、隐瞒手段进行虚假纳税申报或者不申报,逃避缴纳税款数额较大并且占应纳税额 10% 以上的,处 3 年以下有期徒刑或者拘役,并处罚金;数额巨大并且占应纳税额 30% 以上的,处 3 年以上 7 年以下有期徒刑,并处罚金。有第一款行为,经税务机关依法下达追缴通知后,补缴应纳税款,缴纳滞纳金,已受行政处罚的,不予追究刑事责任;但是,5 年内因逃避缴纳税款受过刑事处罚或者被税务机关给予 2 次以上行政处罚的除外。

③ **虚假合同不利于买方利益**。虚假合同会导致合同无效而且会让买方没有办法取得高额贷款,同时增加了买家需要支付的首付款的总额。将来买家如果出售房产,那就要承受高额的个人所得税等税费。

242 怎样查验房地产开发商的合同主体资格?

我国相关法律规定,不具备主体资格的购房合同是无效的。购房者可以从以下几个方面查验房地产开发商的主体资格。

① **卖房者与所卖房屋的产权所有人是否相同**。房地产开发商和房屋的产权所有人的名称必须相同。卖期房的,必须拥有代表该房屋可以办到产权证的所卖房屋的《商品房预售许可证》。

② **开发单位、销售单位、所有权人是否一致**。如果购房者所购买的房屋,其房地产开发商的营业执照上的公司名称、销售许可证上的销售单位、所有权人不一致,应立即停止购买。

③ **一期工程和二期工程是否都具备预售资格**。有时一期工程取得了预售许可证,并不代表二期工程也有预售许可证。

④ **总公司和分公司是否都拥有合法销售权**。如果与购房者签订购房合同的房地产开发商是该开发公司下属的分公司或是

销售公司，而并没有取得总公司法人代表签字的正式书面委托文件，那么该分公司和销售公司就无权销售，更无权签订合同。

⑤ **合同的签约人是否具备签字资格。**商品房预售、销售合同的签字人应是该公司的法定代表人，如果销售部经理或是业务员代表房地产开发商与购房者签约，则必须同时附上该公司法定代表人对销售经理或业务员代表签约的正式书面委托。

⑥ **房屋中介代理是否有正式的委托文件。**一是该代理公司必须具有房地产管理部门颁发的"资质证书"和工商行政管理部门颁发的"经纪人证书"；二是该代理公司必须有工商行政管理部门颁发的营业执照，营业执照的营业范围内必须有代理营销的项目。

243 签订期房合同需要注意什么？

① **开工日期。**期房合同要明确规定楼盘的开工日期，否则房地产开发商可能会长时间不开工。同样，如果不约定好开工日期，那么工程进度和竣工日期也都无从谈起。

② **工作日。**期房合同要约定好具体的工作日，这里所说的工作日是指扣除无法工作的假日、周六日、雨天、变更设计未获批准前的工作日数。

③ **完工日。**要在合同中明确约定工程竣工、各种资质手续完毕的具体时间。

④ **延误工期。**在工作日约定的范围内，不是因为不可抗力因素，而是因人为的原因而延误工期，应该写清楚需要支付的违约金。

⑤ **按工程进度付款。**购房者可要求在契约上注明两次缴款

期间最短的时间间隔。

⑥ **按时付款**。购房者可在契约上注明：房地产开发商延误工程，在何种情况下可暂时不付预付进度款。

⑦ **面积误差**。面积以实测为依据，并规定正负误差的比例和约定超过误差的处理措施甚至是处罚措施，以及购房者有解除契约的权力。千万不要用"多退少补"等对购房者不利的语言。

⑧ **摊销比例**。预售契约应明确建筑面积与使用面积及摊销面积的比例。

⑨ **定金**。一般购房者看过房屋模型、样板间、平面图、问清售价，销售人员会催交定金。购房者必须牢记，自己还没签约，自己的权益不会因交了定金就拥有了保障，妥善的解决办法是交定金时就做好文字承诺。若产权有问题、面积有问题或房子有瑕疵，定金应如数退还。

⑩ **建材**。有的房地产开发商为了打价格战，经常会在建材上以次充好。因此，在期房合同上一定要对门窗工程、卫浴工程、厨房工程、地面以及墙身工程的建材的型号、规格、厂家做出详细的约定，并以此作为验收的依据。

⑪ **税费**。预售契约应明确规定期房交易买卖双方应缴纳的税费种类、比率、额度，作为纳税人双方应交税费的根据。

⑫ **保修条款**。房屋的结构工程固然重要，特别是对于隐蔽工程，应引起购房者的高度注意并在预售契约保修条款中注明保修范围及内容。

⑬ **相关资料**。签订预售契约后应保存好与契约有相同法律效力的文件、附件、补充条款、相关图纸，以此作为验收房屋、付款、产权过户、保修的依据。

244 商品房合同网上备案有哪些注意事项？

  商品房合同在网上签约备案时最主要的是要注意保存密码。有很多购房者因为对网上签约备案系统并不了解，所以在网上签约时，会让房地产开发商帮自己设置密码，有些购房者甚至委托律师签约，这样做存在很大的风险，无法很好地保护自己的权益。

  大部分购房者认为在审核过合同内容中的条款、双方确认无误、点击保存后合同就不能再进行修改了，其实这种想法是错误的。因为购房者和房地产开发商在网上签订合约后，如果没有手动点击提交备案，那么8小时后已经保存的合同就会自动提交备案。而在这8小时内，就算在打印纸质合同后，如果当时没有将网上已经签订的合同提交备案，那么拥有双方密码的房地产开发商就可以再次进入系统修改条款。另外，在网上签订合同时所设置的密码，以后在办理网上按揭等业务时还会用到。

  因此，购房者应该单独设置密码，而且在设置密码时还应要求他人回避。此外，在双方对合同条款确认无误、签订保存之后，一定要当场提交备案，并打印《商品房备案登记证明书》。只有在完成这道手续后，网上备案的合同条款才无法进行更改。

温馨小贴士

  需要注意的是，如果后期购房者需要委托房地产开发商或是代理机构办理网上按揭等业务，需要将密码告知他们时，一定要出具书面委托书，要明确密码泄露的责任，有力地保障自己的利益。

245 如何办理二手房买卖合同公证?

二手房买卖合同公证需要在当地的公证处办理。办理公证的程序如下:

① 买卖双方共同向公证处提出公证申请;

② 公证员根据当事人提交的证明材料进行审查;

③ 公证员完成初步审查后,如果觉得不存在问题,完全符合公证受理的条件,就要通知当事人填写《房屋买卖合同公证申请表》,按照规定缴纳公证费用;

④ 公证员受理申请后要重点审查当事人之间的买卖契约;

⑤ 公证员根据买卖双方的实际情况以及买卖合同,按照《公证程序规则》的要求分别与买卖双方谈话并且制作谈话笔录;

⑥ 公证员对二手房交易的各个环节进行调查;

⑦ 公证员出具房屋买卖合同公证书。

246 二手房买卖合同包括哪些内容?

从我国《民法典》的相关规定来看,二手房买卖合同中应该包含以下几个方面的内容。

① **当事人的基本情况**。这里主要是要弄清楚当事人的具体情况,包括姓名、地址、联系办法等,以免出现欺诈的情况。买卖双方应向对方做详细清楚的介绍或是调查;应该写明是否为共有财产,是否为夫妻共同财产或家庭共同财产。

② **标的即买卖的房屋**。这里应该写清楚房屋的具体位置、性质、面积、结构、格局、装修、设施设备等情况;房屋的原产权单位是否同意转卖;是否存在房屋抵押或其他权利瑕疵;是否有私搭乱建部分;房屋的物业管理费用及其他交费情况;

房屋相关文书资料的移交过程。

③ **价款**。这也是非常重要的内容，主要需写清楚房屋总价款、付款方式、付款条件、如何申请按揭贷款、定金、尾款等。

④ **履行期限、地点、方式**。主要写清楚交房的时间、条件；配合与协调的问题；办理相关手续的过程；双方应如何寻求中介公司、律师、评估机构等服务；各种税费、其他费用应该如何分摊；遇到价格上涨或是下跌等情况时该如何处理等。

⑤ **违约责任**。这里主要说明哪些情况算是违约；具体如何承担违约责任；定金、赔偿金、违约金的计算与给付；什么情况下可以免责；担保的具体形式；对违约金或定金的选择适用问题。

⑥ **解决争议的方式**。主要是约定争议是采用仲裁方式还是诉讼方式解决。需要注意的是，如果双方同意采用仲裁方式去解决纠纷，那就应该按照我国《仲裁法》的相关规定列出明确的条款。

⑦ **合同生效条款**。双方约定合同生效的时间；生效或失效的具体条件；当事人不能为了自己的利益阻挠合同中的生效条款；合同生效或是失效的具体期限；致使合同无效的情形；几种无效的免责条款；当事人要求变更或是撤销合同的条件；合同无效或是被撤销后，财产应该如何进行返还。

⑧ **合同中止、终止或解除条款**。按照《民法典》的相关规定，当事人可以中止、终止或是解除房屋买卖合同。有必要在这里

明确约定合同中止、终止或解除的具体条件；上述情形中应履行的通知、协助、保密等义务；解除权的行使期限；具体的补救措施；合同中止、终止或解除后，财产如何进行返还。

⑨ **合同的变更与转让。**约定合同变更与转让的条件或是不能进行变更、转让的禁止条款。

⑩ **附件。**在此说明本合同有哪些附件；附件的效力等。

247 二手房买卖网上签约有什么好处？

① **过户时间快。**一般的过户时间都在10个工作日内，网上签约可以让合同信息、权属信息以及地税部门的纳税信息实现共享，当事人就不用再重复填写信息、重复提供材料，管理部门也不用重复审核了。

② **简化转移登记携带材料。**二手房买卖网上签约，买卖双方在办理转移登记手续时，只需要携带《存量房买卖合同信息表》《房屋所有权证》《房屋共有权证》原件。买卖双方自行办理的，需要提供身份证原件；委托他人办理的，需要提供授权委托书、委托人身份证复印件以及受托人身份证原件，不再需要携带纸质合同。

③ **方便业主信息注销。**对于有网上信息需要注销的当事人来说，只需要到各区县建委、房管局办理注销手续即可。但如果是市级房屋权属中心负责的，则需要到市房屋权属登记中心办理注销手续。

④ **规范市场。**防止"一房两卖""吃差价"、合同不规范、责任不明确等风险，在网上签约时，中介机构的二手房信息必须上网公示，包括房产拟售价格、房产户型、建成年代、房屋产权状况等情况，这样上面的问题即可避免。

⑤ **可以随时查询转移登记办理的进度。** 以北京市为例，实行网上签约之后，买卖双方可凭网签时设置的密码，在北京市房地产中介行业协会信息网和北京市房地产交易管理网上对相关信息进行核实，并查询转移登记办理进度。

248 已经变更产权登记的买卖合同能够解除吗？

我国现行的房屋产权登记制度规定，买卖双方在签订了房屋买卖合同、交付了房屋，并到房管部门和土地管理部门办理了产权变更登记后，买方就拥有了房屋的所有权。

这个时候，如果一方反悔，想要解除合同的话，法律上是不予支持的。但是，民事合同作为买卖双方意思自治的产物，只要不违反法律，不损害国家的公共秩序，经双方当事人协商一致，约定好解除合同的条件后，是可以解除合同的。合同解除之后，房屋返还出卖人，并须办理产权变更手续；出卖人返还买受人相应的价款。

根据相关法规的规定，发生下列情形之一的，可以变更或者解除房地产买卖合同：①经当事人双方协商一致，并且不因此损害国家利益和他人合法权益的；②因不可抗力致使房地产买卖合同无法履行或者不能全部履行的；③因一方违约，使房地产买卖合同履行成为不必要的；④出现房地产买卖合同约定的变更或者解除合同条件的。双方协商变更或者解除合同的，应当订立书面协议。一方当事人根据上述②~④项的规定要求变更或者解除合同的，应当及时通知对方。因变更或者解除房地产买卖合同致使一方当事人遭受损失的，有过错的一方当事人应当负赔偿责任。

249 房产买卖合同什么情况下是无效的？

① **房屋与土地分开转让。**

② **侵犯优先购买权的。** 房屋所有人在转让涉及共有或是出租的房屋时，在同等条件下，其他共有权人或是承租人拥有优先购买权。也就是说，所转让房屋的产权如果为数人共有或是已经对外出租，则必须征求共有人或是承租人是否行使优先购买权。如果未取得其他共有人或承租人的同意就擅自卖房，其买卖行为通常是无效的。

③ **因欺诈而转让商品房的。**

④ **商品房预售违法的。** 我国《城市房地产管理法》规定，商品房预售应当符合下列条件：已经交付全部土地使用权出让金，取得土地使用权证书；持有建设工程规划许可证；按提供预售的商品房计算，投入开发建设的资金应该达到工程建设总投资的25%以上，并且已经确定了施工进度和竣工交付日期；已经向县级以上人民政府房产管理部门办理了预售登记，取得了商品房预售许可证明。

如果不符合上述这些条件，那么商品房的预售就是违法的，其买卖合同自然也是无效的。

⑤ **在商品房转让过程中，涉及土地使用权转让违法的。**

⑥ **其他法律法规强制性规定禁止转让的。** 比如国家司法机关和行政机关依法裁定、决定查封或是以其他形式限制房地产权利的；国家依法收回土地使用权；权属有争议的情况。

第七章 购房议价

在目前的市场胶着期,作为购房者来说如何在与业主的讨价还价中占得先机呢?并非每一位购房者都能顺利地从与业主的"斗智斗勇"中把房价砍下来,要想得到更大的优惠,需要广大购房者做好许多功课,提前了解,方能在议价中百战不殆。

250 什么是"均价"?

均价简单说就是一个楼盘的平均价格,它代表着一个楼盘的整体价位水平,是房地产开发商根据当前的市场情况专门制定的,用来收回投资成本并获得一定利润的价格。

> **温馨小贴士**
>
> 均价是个非常重要的数据。房地产开发商只有先确定楼盘的均价,才能通过它计算出一栋楼中每个单元户型的具体价位,它是整个楼盘销售价格控制的一个重要标准,是整个楼盘售价的平均值。

251 什么是"起价"?

最近一段时间,陈先生在忙着看房。上周,他在一个房地产网站上看到某楼盘"5000元/平方米起"的消息,一看房子的起价还算便宜,就马上打电话过去咨询。结果,这个楼盘售楼处的工作人员告诉他这样的起价房只有几套,已经卖完了。这个消息让陈先生很懊恼。

起价具体是指一个楼盘中各楼层各户型销售价格中的最低价格,上面提到的"5000元/平方米起"中的5000元就是这个楼盘各楼层各户型销售价格中的最低价格。

> **温馨小贴士**
>
> 一般不带花园的多层住宅通常以一楼或是顶楼的销售价为起价;带花园的住宅一般以二楼作为销售价的起价;高层的住宅以底层的销售价为起价。

252. 房价的费用构成有哪些？

① **土地成本**。主要包括征地费或拆迁补偿费，或土地转让费，也就是根据不同的土地来源向原来的土地所有者、使用者支付的地价。

此外还包括：在征地、拆迁或转让的过程中，向国家、政府有关部门支付的相关税费；向政府支付的地价款；基础设施建设费，主要是指建设用地红线内以及政府部门要求房地产开发商承担的红线外的一定范围内自来水、雨污水、煤气、供电、电信等管线工程以及道路、环卫、绿化、照明设施等工程的费用，一般被称为"三通一平"或"七通一平"工程费用。

② **房地产开发商支付的交易税费**。首先是"两税一费"，即房地产转让（包括商品房销售）支付的营业税、城市维护建设费、教育费附加；另外是土地增值税和印花税，前者在转让房产获取增值时支付，后者按买卖合同的一定比例支付。

③ **装修费**。这项费用是指在粗装修以外，房地产开发商对商品房按照预定的标准进行装修所支付的费用。

④ **建安工程费**。以出包方式、自营方式支付给承包单位的建筑安装工程费。

⑤ **利息和利润**。利息是指利用金融机构贷款进行工程建设所必须支付的利息。利润是指土地开发、房屋建设以及销售各环节应获取的合法利润，通常以当时的行业平均年投资利润或是项目利润来计算。

253 房价的价外因素有哪些？

① **物业管理费**。业主入住之后，要接受物业管理公司的管理和服务，就要向物业管理公司交付各种物业费。

② **咨询代理费和法律服务费**。有的购房者会聘请专业人员为自己寻找房源并洽谈价格、审查手续、代办买卖和过户手续，因此购房者要支付给对方代理费、代办费、信息费等咨询服务费。在商品房购销活动中，有时候律师事务所、公证处还会介入，这个时候购房者还需要支付律师费和公证费。

③ **入住费用**。购房者在入住过程中所需要支付的各种费用，包括入住手续费、住户自行装修的装修费、维修基金等。

④ **相关税费**。购房者自行支付的交易税费，包括契税、房产证工本费、房屋产权登记测绘费等。

254 买房时要掌握的"杀价"技巧有哪些？

① 告诉卖方自己已经看中了别的房子并准备付定金。

② 告诉卖方自己已经看中了别的房子并且已经付定金，但是自己也很喜欢对方所卖的房子，问对方是否愿意再便宜点，以补偿自己已经付出的并且不能退的定金。

③ 千万不要表露出对房子的好感。

④ 寻找房子的缺点，以此要求对方降价。

⑤ 告诉对方自己想买房子，但是必须等到手里的房子卖出去后才能买，以此要求对方在具体的付款方法上提供一些优惠。

⑥ 告诉对方自己很满意，但是家里人有其他的想法，希望对方便宜点以解决这个问题，也可以表现出强烈的购买欲望，迫使对方降价。

255 售房者有可能设置哪些"陷阱"？

① **价格陷阱**。很多房地产开发商在卖房时对具体的收费项目并不作明确的规定，只用一个"等"字来概

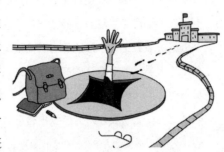

括，这让购房者根本没有办法算清楚实际的价格。另外，如果房地产开发商低价出售房产，那么他们所出售的房子很有可能会质量低劣，而且水、电、气等附属设施都没有配套。有的房地产开发商甚至会要求购房者补交测量费、登记费、手续费、管理费等多项费用，否则不办理房产过户手续。如果购房者发觉上当并要求退房，房地产开发商则根本不会理会。

② **"人质"陷阱**。在买房时，一些素质低下的置业顾问会先以比较低的头期款和代办按揭等优惠条件引诱购房者付款买房。一旦购房者交了第一笔钱，就等于将"人质"送到了他的手上，以后只能被动地"挨宰"。

③ **期限陷阱**。许诺在某天之前办好，到了许诺的日期后却总是寻找各种借口推脱或是干脆消失。

④ **"面子"陷阱**。在购房谈判时，有的置业顾问会努力迎合顾客的心理，对顾客所拥有的一知半解的房地产知识予以称赞，让顾客的虚荣心得到极大的满足，而忽略房屋的一些重要细节。

256 与房地产开发商谈判前要做哪些准备？

① 确定自己所期望的价位和自己能够接受的最高价位。

首先，在第一次接触某处的房产时，售楼人员如果认为你有潜在的购房可能性，一般情况下，会让你留下联系地址。在举办的房展会上，一般购房者若索取房产材料，房地产开发商的工作人员一般也会让购房者留下联系电话或名片。此时，如果确有购买的意向，可以留下联络地址或电话，但应注意言语、表情之间一定不要让对方感觉出自己对此房产已有了极大的兴趣，只要把需要了解的信息记下即可。

其次，除非是提及可参比的另一些房产所具有的优势，其他的话最好还是少说为佳。以后联络的过程中，可以耐心地听取对方的介绍。同时，真正要做的事情，就是要在不经意的谈话间，让对方主动地提出一些让步，诸如让价比例、付款方式等可承诺的优惠条件等。

② 摸清对方的底细和心态。

首先，要尽量收集要谈判的房产的相关资料。比如评估房价中成本价所占的比例、房产的质量、装修的质量、物业管理，交通设施和配套设施是否齐全，规划存在的不足和缺陷，房屋实际销售率等，这些信息都可以在谈判前做一下实地考察。等到决定签合同的阶段，就可以把自己所了解的相关情况抛给房地产开发商，为自己争取到最大限度的优惠条件。

其次，要了解房地产开发商在多久之内必须把房产卖出去。只要掌握了这个信息，那么在最有利的时候"杀价"，很可能得到最优惠的价格。

257 房地产开发商常见的销售原则有哪些？

① 房地产开发商会想办法让买方觉得成交价是最低价，而自己所卖房产的价格是最合理的。

② 积极强调房产的优点，极力淡化物业的缺陷，绝不轻易让价。

③ 让购房者先喜欢自己的产品，而且也能接受自己所推荐的产品，然后再进一步议价。

④ 让购房者对自己产生信赖。

⑤ 除非客户身上带有足够的现金或是支票，能够马上下定金或是有购买决定权，否则不作"议价谈判"。

258 什么是房地产评估？

房地产评估又被称为房地产估价，全称是房地产价格评估，也就是对房地产进行估价。具体来说，就是由拥有"房地产估价人员岗位合格证书"或是"房地产估价师注册证"的专业人员根据进行估价的根本目的，遵循估价的基本原则，按照估价的具体程序，运用估价的常用方法，在对影响房地产的价格因素进行综合分析的基础上，结合估价经验，对房地产的特定权益，在特定的时间内最可能实现的合理价格所做出的估计、推测和判断。

259 二手房的价格是如何评估出来的？

房地产评估机构对二手房进行评估时，会使用市场比较法、收益法、成本法等方法，其中，大多数房地产评估机构比较常用的是市场比较法。

另外，在进行二手房评估时还涉及以下几个重要因素。

① **房屋使用年限以及成新度**。修建年代越近的房屋，管理到位、配套设施齐全的小区，价格也就越高。

② **区域和地段**。二手房和新房一样，经济和交通比较发达的地区，房屋的需求量大，价格也相对较高。

③ **房屋内部的装修程度**。房屋内部的装修程度以及其他因素对于价格的影响虽然不太明显，但是对房屋的出售时间还是有一定影响的。装修好、交通便利的房屋的出售要比同样条件但装修差、交通不便利的房屋快很多。

260 购买二手房该如何砍价？

① **多和房主进行沟通**。找到中意的房子后，购房者要多和房主进行沟通，要把房产中介公司放在一边。要知道，房主才是最想把房子尽快出售的人。另外，购房者不能因为房子过高的报价而放弃自己看中的房子，应该多和房主沟通或是要求中介说服房主，报出客观价格。自己要留下电话号码，通常他们会主动联系你。

② **多看房、少赞美**。多看房是为了摸清市场，少赞美是为了不让对方摸清自己的真实意图。

③ **委托多家房产中介公司**。多委托几家房产中介公司，不但可以得到更多的房产信息，而且可以让各家房产中介公司产生竞争关系。可以直接说自己委托了多家房产中介公司寻找房源，这样，房产中介公司就会以最快的速度和更低的价格促成购房者和房主的买卖。

261 怎样挤出二手房价格水分？

① **房屋的弱点**。通常盲目且没有理由地砍价是令人厌烦的，不但没有办法达到想要的效果，而且对房产的成交不利。因此，在买房之前首先要对心仪房产的优点和缺点做到心中有数，只有对房产有充分的了解，才能在砍价时做到有理有据。

② **弄清原房主卖房的原因**。如果能够在砍价之前了解到原房主真实的卖房原因、卖房后所得房款的用途，对于购房砍价是非常有帮助的。大家可以通过询问中介公司或在看房时与原房主的交流来获得相关信息。一旦发现原房主比较着急卖房，那么就可以适当地提高砍价幅度了。

③ **当年购房的真实价格**。通常房产原来的价格越高，砍价的幅度就越小；反之亦然。

262 影响二手房销售价格的因素主要有哪些？

① **区位因素**。区位因素占主要地位。区位因素包括地段等级、交通条件、小区环境、配套设施、未来发展前景及环境污染等条件，买卖双方可以与同类房源进行对比定价。

② **房屋自身因素**。房屋自身因素主要包括房屋成新率、产权状况、楼层、朝向、户型格局、房屋装修、燃气状况、物业类型、通风采光、景观等。一般来说，维护好的房屋环境能延长房屋的使用寿命，从而提高房屋价值。

③ **市场因素**。市场因素主要包括经济状况、二手房市场行情及市场供求状况等。其中市场供求状况对房屋的价格影响最大，当某一区域房屋供不应求时，房屋价格就会上涨；反之，当房屋供应量过大时，房屋价格就会下降。

④ **消费者心理因素**。消费者心理因素主要包括消费者的心理活动、对房屋的偏好及交易心态等。若非受经济水平制约或价格上有较大的优势，购房者一般不愿去购买二手物品。购房者的偏好及交易心态对二手房的价格也有较大的影响，如果购房者特别偏好某一区域的房屋，或者他们急于买房，那么这些房屋价格在一定程度上也会提高。

第八章 税费常识

对于买房"菜鸟"来说,买房要交哪些税是一个大难题。具体买新房要交哪些税?买新房除了必要的购房款项外,还包括哪些费用?二手房交易同样也需要缴纳各种税费,但需要缴纳哪些费用?如不提前了解,将会在购房中出现很多问题。

263 什么是契税?

契税是按照购房交易价格的3%~5%计算缴纳。对个人购买90平方米及以下普通住房,且该住房属于家庭唯一住房的,按1%税率征收契税。对个人购买普通住房(面积在90平方米以上、144平方米以下,容积率大于1,且单价低于当地普通住房界定标准),且该住房属于家庭(成员范围包括购房人及其配偶和未成年子女,下同)唯一住房的,按照1.5%征收契税。个人购买144平方米(不含144平方米)以上的普通住房,或购买第二套及以上住房的契税按照3%征收。个人购买非普通住房的契税按照5%征收。

264 什么是房产税?

房产税是一种以房屋为征税对象,按照房屋的计税余值或是出租房屋所得的租金收入作为计税的根本依据,向产权所有人征收的一种财产税,也就是向拥有房产的人征税。谁拥有的房产越多,谁向国家交的税也就越多。

根据《中华人民共和国房产税暂行条例》的规定,房产税只在城市、县城、建制镇和工矿区征收,这些地区的具体的征税范围,由各省、自治区、直辖市人民政府决定。按照房产余值计征收方式,征收年税率为1.2%;按照房产出租所获得的资金收入计征收方式,征收年税率为12%。

从2001年1月1日起,对于那些按照市场价格出租的居民住房,其中纯粹用于居住的住房,可以暂时按照4%的税率征收。

265 房产税怎么计算？

依据	计算公式
以房产原值作为计税依据	应纳税额 = 房产原值 ×（1-减扣率）× 税率（1.2%）
以房产租金收入为计税依据	应纳税额 = 租金收入 ×12%（个人出租住房为 4%）

注：减除的比例将由各省在 10%～30% 的幅度内确定，当前各地试点出台的房产税征收办法在上述法规规定的基础上有所不同。

266 什么是印花税？

房地产交易中的印花税是指对房地产交易中书立、领受凭证征收的一种税。它是一种兼有行为性质的凭证税，具有征收面广、税赋轻、由纳税人自行购买并粘贴印花税票，完成纳税义务等特点。

房地产交易中的印花税的课税对象是房地产交易中的各种凭证。根据《中华人民共和国印花税法》的规定，应缴纳印花税的凭证主要包括房屋因买卖、继承、赠与、交换、分割等发生产权转移时所书立的产权转移书据。印花税应该由应纳税凭证的书立人或是领受人缴纳。具体来说，产权转移书据印花税由立据人缴纳，如果立据人没有缴纳或是少缴纳印花税的，书据的持有人应负责补缴。房屋产权转移书据印花税按照所载金额的 0.05% 缴纳，其应纳税额的计算公式是：应纳税额 = 计税金额 × 适用税率。

267 什么是城镇土地使用税?

城镇土地使用税,是以开征范围的土地为征税对象,以实际占用的土地面积为计税标准,按规定税额对拥有土地使用权的单位和个人征收的一种资源税。

① **征税范围:**

a.城市、县城、建制镇和工矿区的国家所有、集体所有的土地;

b.从2007年7月1日起,外商、外国和在华的用地也要征收城镇土地使用税。

② **纳税义务发生时间:**

a.经批准开山填海整治的土地和改造的废弃土地,从使用的月份起免缴土地使用税5~10年;

b.纳税人新征用的耕地,自批准征用之日起满一年时开始缴纳土地使用税,其余都是从次月起缴纳,如出租、出借房产,自交付出租、出借房产的次月起计征城镇土地使用税;

c.购置新建商品房,自房屋交付使用的次月起计征城镇土地使用税;

d.购置存量房,自办理房屋权属转移、变更登记手续,房地产权属登记机关签发房屋权属证书的次月起计征城镇土地使用税;

e.拥有土地使用权的单位和个人是纳税人;

f.拥有土地使用权的单位和个人不在土地所在地的,其土地的实际使用人和代管人为纳税人;

g.土地使用权未确定的或权属纠纷未解决的,其实际使用人为纳税人;

h.土地使用权共有的,共有各方都是纳税人,由共有各方分别纳税。

③ 城镇土地使用税的特点：

a. 对占用土地的行为征税；

b. 征税对象是土地；

c. 征税范围有所限定；

d. 实行差别幅度税额。

土地使用权是自然人或者是法人组织依法享有的，对于国家而言，土地享有所有权，这是没有任何争议的，所以如果个人使用土地，应该缴纳对应的税费，到相应的税务机构缴纳。

268 城镇土地使用税怎么计算？

城镇土地使用税采用定额税率，也就是采用有幅度的差别税额。

范围	税额标准/（元/平方米）
大城市	1.5～30
中等城市	1.2～24
小城市	0.9～18

注：城镇土地使用税应纳税额的计算公式是应纳税额＝实际占用的土地面积×适用税额。

269 土地增值税怎样收？

第一步核定征收，按照转让二手房交易价格全额的1%征收率征收，这种模式类似于目前的征收方式。如成交价为50万元，土地增值税应为500000元×1%=5000元。第二步减除法定扣除项目金额后，按四级超率累进税率征收。其中又分两种情况，一是能够提供购房发票，二是不能够提供购房发票，但能够提供房地产评估机构的评估报告。

能够提供购房发票的,可减除以下项目金额。

① 取得房地产时有效发票所载的金额。

② 按发票所载金额从购买年度起至转让年度止每年加计5%的金额。

③ 按国家规定统一交纳的与转让房地产有关。

④ 取得房地产时所缴纳的。

不能够提供购房发票,但能够提供房地产评估机构按照重置成本评估法,评定的房屋及建筑物价格评估报告的,扣除项目金额按以下标准确认。

① 取得国有土地使用权时所支付的金额证明。

② 中介机构评定的房屋及建筑物价格(不包括土地评估价值),需经地方主管税务机关对评定的房屋及建筑物价格进行确认。

③ 按国家规定统一交纳的与转让房地产有关的税金和价格评估费用。

增值额范围	税率/%
增值额未超过扣除项目金额50%的部分	30
增值额超过扣除项目金额50%,未超过扣除项目金额100%的部分	40
增值额超过扣除项目金额100%,未超过扣除项目金额200%的部分	50
增值额超过扣除项目金额200%的部分	60

270 土地增值税与购房人是否有关系?

根据《土地增值税暂行条例实施细则》的规定,土地增值税是国家为了规范土地和房地产交易秩序,调节土地增值收益而采取的一项税收调节措施。

该《土地增值税暂行条例实施细则》规定:转让国有土地使用权、地上建筑物以及附着物(也就是转让房产权)并取得收入的单位和个人是土地增值税的纳税义务人,应当按照相关规定缴纳土地增值税。

换句话说,个人所购买的房产如果只是作为居住使用,是不用缴纳土地增值税的。只有再转让、经营房产并获得相当标准以上的土地增值收入后,才有必要缴纳土地增值税。

这里所说的以转让所取得的收入包括货币收入、实物收入和其他收入。另外,以继承、赠与方式无偿转让房地产的不需要缴纳土地增值税。纳税人应当自转让房地产合同签订之日起七日内向房地产所在地的主管税务机关办理纳税申报,并在税务机关核定的期限内缴纳土地增值税。

271 新房入住时需要缴纳哪些费用?

① **结算面积,退、补房屋尾款。** 首先要做的就是结算面积,退、补房屋尾款。因为房屋的实测面积和购房合同中所标注的面积会存在一些差异,应根据测绘部门出具的《面积实测表》对面积误差进行结算,如果面积减少,那么房地产开发商则应按合同的具体约定将减少面积的房款退还给业主;反之亦然。

② **契税**。契税的缴纳数额和房产价格成正比，按照国家标准收取。需要特别说明的是，有些业主认为自己是拆迁户，在办理入住手续时不用交纳契税的想法是错误的。应该先交纳契税，然后凭拆迁协议到当地的税收部门办理退税。

③ **物业管理费**。办理入住手续时，要先缴纳一年的物业管理费。

④ **公共维修基金**。公共维修基金的缴纳数额与房产价格成正比，按照国家规定的标准收取。

⑤ **供暖费**。如果是在6月份后办理收房入住手续，在大多数的情况下会被要求先缴纳一个供暖季度的供暖费用。具体的费用是每平方米的供暖费用乘以房屋面积。

⑥ **其他相关费用**。如果在入住时现场办理专用停车位，可能还会收取停车费，此外还有可能会收取装修保证金、车位地锁、门卡等押金。

272 什么是公共维修基金？

公共维修基金是指住宅楼房的公共部位和共用设施、设备的维修养护基金，这笔钱主要用于对保修期满后的楼房的公共部位和共用设施、设备进行维修（大中修）、养护以及更新和改造。按照相关法规的规定，楼房的公共部位是公摊面积的部位。当业主将房屋的所有权转让给他人时，剩余的公共维修基金是不退还的，它随着房屋所有权同时过户。

公共维修基金由购房者在购房时缴纳，北京市公共维修基金的缴纳标准为：多层住宅100元/平方米，高层全现浇混凝土结构住宅150元/平方米，高层框剪结构住宅200元/平方米。

该基金由房地产开发商代为收取，由房管局监管，所有权归购房人，不得挪作他用。

273 怎样计算二手房折旧费？

房屋在长期的使用过程中，由于自然损耗和人为损耗，价值会逐渐减少，通常以货币的形式表现，这就是折旧费。

确定折旧费的依据如下。

① **房屋的残值**。具体是指房屋经过长期使用，失去使用价值，经过拆除清理之后留下的建筑材料的价值。

② **建筑造价**。它是核算折旧费的基础，由建造中必要的物质消耗、劳动报酬和税金、利润所组成，是住宅经营中的进货价。一般按现实条件下重新建造该类住宅所需要的货币支出来计算。

③ **清理费用**。具体是指拆除和清理已经报废的破旧房屋时所需要支付的人工、机器、工具的费用。通常都以残值扣除清理费用后的剩余部分为净残值。它在住宅价值中所占的比例不大，而且是在住宅报废后才能得到的，因此与原值无法比较。

在计算残值时，都采用按当时工资和材料价格水平预告估计的办法，有时也采用残值率（残值和原值的比率）这个参数。各种房屋的残值率一般为：钢筋混凝土结构为0，砖混结构为2%，砖木结构一等为6%，砖木结构二等为4%，砖木结构三等为3%，简单结构为0。

④ **使用年限**。具体是指住宅在有形的磨损下能够维持正常使用的年限。使用年限是指由住宅的结构和质量决定的自然寿命。

折旧年限是指住宅价值转移的年限，它是由使用过程中社会经济条件决定的社会必要平均使用寿命，折旧年限除了与使用年限有关外，还受到无形损耗的影响。

折旧价格的计算公式如下。

定额折旧法：旧房价格 = 造价 − 残值造价 ×（1 − 残值率）

折旧法：旧房价格 = 造价 − 年折旧费已使用年数

除此之外，确定房屋的价格还要考虑很多因素，如房屋所处的地段位置、房屋的建筑面积和楼房的层次与朝向等。

274 在二手房交易中如何合理减免营业税？

① **首先要清楚房款总额就是房屋的成交款**。按照国家相关规定，二手房交易的营业税是按房款总额的 5.6% 收取的（房产证未满 5 年的普通住房），它并不包括房屋内部的装修、设备的成交款。

② **可以通过明确实际成交款的构成来调节应该交税部分的金额**。比如一套未满五年的二手房以 100 万元成交，那么在签合同时可以将这 100 万元的成交款具体分为房屋本身实际销售款与房屋内部装修和家用电器、设备转让款两部分。所要缴纳的营业税中不应该包括房屋内部装修和家用电器、设备转让款。

③ **应该支持国家的税收政策**。按照相关规定，当"总房款"的价格明显低于市场价格并且没有正当理由时，税收征收机关会参照市场价格进行核定。

275 二手房赠与过户所产生的税费有哪些？

① **公证费：** 按房屋评估额的 2% 缴纳。

② **营业税：** 单位或是个人将不动产或是土地使用权无偿赠送给其他单位或是个人的，应该看作是发生了应税行为，

原则上赠与人需要缴纳5%的营业税。

③ **房屋评估费：** 按照房屋评估额的0.5%缴纳。

④ **契税：** 受领人按照房屋评估额的3%缴纳。

⑤ **印花税：** 由订立房赠与合同的双方当事人按照房屋评估额的0.05%缴纳。

⑥ **个人所得税。**

a.近亲属和具有抚养、赡养关系的人之间赠与房产以及发生继承、遗赠取得房产的，免征个人所得税。

b.其他人之间的赠与行为，应该依法缴纳个人所得税，按照房屋现值减房屋原值所得差额的20%缴纳。

276 卖房后再买房，能否享受首次购房优惠政策？

先前拥有的一套住房出售后，如果再次购房是可以享受首次购房的优惠政策的，但是需要等原来出售的房屋的产权过户手续办理结束并且交易归档，可以重新调档，开具首次购房证明后才可以享受首次购房优惠政策。另外，如果再次购买的房屋面积小于90平方米，则不需要调档也可以减免契税。

277 哪些房屋出售时会产生个人所得税？

根据国家法律的相关规定，居住不满5年的二手房（包括普通住宅、高档住宅、非住宅）在出售时会产生个人所得税。

278 再次购房时个人所得税能否退还？

根据国家法律的相关规定，如果在出售住房时产生了个人所得税，在一年之内再购买一套商品房（一年的时间是指截止到领到退税款的当日），那么原先所缴纳的个人所得税可以按照一定的比例退还。

办理退税手续时应该提供：新房产证原件、纳税保证金收据原件、调档售房以及购房时的买卖合同、退税申请表，而且申请退税的本人还要拿着身份证原件到交易中心办理。受理手续办理结束后到原出售房产所属的税务局办理退税的相关手续。需要注意的是，退税的审批时间比较长，通常在三个月左右。

279 拆迁户重新购房是否免税？

根据国家法律的相关规定，私房拆迁货币安置户如果在两年内重新购房，可以申请减免一定比例（等同拆迁面积）的契税。申请时应该提供拆迁补偿安置协议书和原拆迁房屋的产权注销证明单，该申请手续与新购房过户收件手续同时办理，出税时直接减免。

第九章 购房贷款

随着房地产市场的火爆,一轮又一轮的购房高潮此起彼伏。众多普通购房者通过银行贷款实现了房屋新购和置换,但在众多的贷款方式面前有时会感觉难以选择。这里给大家逐一分析每种银行贷款方式的利弊,以供参考。

280 贷款的种类有哪些？

① **个人住房委托贷款**。具体是指运用公积金发放的住房资金管理中心个人住房担保委托贷款、中央国家机关住房资金管理中心个人住房担保委托贷款，简称为住房公积金贷款。

② **自营住房贷款**。具体是指运用银行信贷资金发放的个人住房贷款。

③ **组合贷款，也被称为个人住房组合贷款**。具体是指银行住房基金管理中心住房担保组合贷款，银行和中央国家机关住房资金管理中心住房担保组合贷款。

281 什么是个人住房商业贷款？

个人住房商业贷款是中国公民因购买商品房而向银行申请的一种贷款，是银行用其信贷资金所发放的自营性贷款。具体指具有完全民事行为能力的自然人，购买本市城镇自住住房时，以其所购买的产权住房（或银行认可的其他担保方式）为抵押，作为偿还贷款的保证而向银行申请的住房商业性贷款。抵押贷款是商业性贷款中的一种贷款方式。

282 个人住房商业贷款需要什么条件？

① **偿还能力**。信誉良好并且拥有稳定的经济收入，拥有偿还贷款本息的能力。

② **年龄限制**。年龄为18~60周岁，具有完全民事行为能力的自然人、城镇居民以及拥有居留权的外埠、境外以及国外

公民。

③ **借款期限**。最长为 30 年,且申请人年龄与借款期限之和不超过 70 年。

④ **价格相符**。所购商业用房或是办公用房的价格应该基本符合借款人所委托的房地产评估机构所评估的价格。

⑤ **偿还方式**。拥有贷款银行所认可的资产作为抵押或是质押,或是有足够偿还能力的个人或是单位作为偿还贷款本息并承担连带责任的担保人。

⑥ **首付款项**。必须拥有所购买的商业用房或办公用房的合同或是协议,借款人还必须支付符合规定的首付款。

283 房贷有哪些形式?

① **固定利率房贷**。这种房贷具体来说就是个人与银行在签订贷款合同时,就约定好在一定的借款期限内不管银行利率如何变动,借款人都以约定好的利率支付利息的个人住房贷款。

② **移动组合房贷**。允许客户针对不同时期的家庭收入情况和个人投资理财的习惯,定制个人化的还款方案。

③ **接力贷**。具体是指以子女为所购房屋的所有权人,父母双方或是一方作为子女的共同还款人,接力还款。

④ **直客式房贷**。这种房贷方式是个人先找银行贷款,然后去找房地产开发商或是房主买房。银行直接贷款给买房者,不需要经过房地产开发商的担保。

⑤ **气球贷**。这种贷款方式是先少量、分期偿还贷款,直到最后一期一次性偿清,整个还贷的模式就像是气球一样"头小尾大"。

⑥ **活力贷**。借款人可以把闲置的资金存入还款账户作为提

前还贷，直接抵扣贷款本金，从而达到节省贷款利息、缩短还款期限的目的。

⑦ **点按揭**。通过预先支付一定费用，从而使贷款利率进一步降低。

284 什么是一次性付款？

一次性付款是指购房者在合同约定的时间内，一次性付清全部购房款，房屋所有人同时转移房屋的所有权。

285 什么是分期付款？

分期付款是指购房者根据购房合同的规定，在一定的期限内分数次付清全部房价款，通常分为免息分期付款和低息分期付款。

优点	缺点
可以制约房地产开发商，使其按时交付房屋以及履行合同中的承诺，还可以缓解一次性付款的经济压力	购房款比一次性付款的金额要多，相对于按揭贷款的方式来说，这种办法的资金使用不够灵活

286 什么是按揭贷款？

按揭贷款也被称为住房抵押贷款，是购房者用自己所购房屋的产权作为抵押，由银行先行支付房款给房地产开发商，再由购房者按月向银行分期支付本息的付款方式，这是目前市场上使用最多的付款方式。

287 按揭贷款有什么优点？

① 银行为自己把关，降低了购房的风险。因为贷款是向银行借钱，所以银行除了会审查购房者本身的资金状况外，还会审查房地产开发商，为购房者把关。

② 将自己手里有限的资金用于多项投资，贷款买房出租给别人，以租养贷，然后再进行投资，资金使用非常灵活。

③ 解决了需要在短期内筹集大量资金的困难。

288 按揭贷款有什么缺点？

① 背负巨额债务，购房者的还款压力和心理压力都会比较大。

② 因为是以房产本身抵押贷款，所以转卖的手续会比较麻烦，不容易迅速变现。

289 银行按揭贷款与分期付款有哪些不同？

① **关系**。按揭贷款是银行、购房者、房地产开发商之间的关系，债权人是银行。分期付款只是购房者和房地产开发商之间的关系，债权人是房地产开发商。

② **抵押**。按揭贷款是购房者找银行借钱，需要把房子抵押给银行，如果断供了，银行有权拍卖你的房子，而分期付款则不需要抵押。

③ **时间**。按揭贷款最长的还款期限可以长达 30 年，而分期付款的时间远远没有按揭贷款的时间长。

④ **利息**。按揭贷款是从银行借款，利息一般来说并不少，分期付款往往没有利息或利息很低，只需要将房款分期付给房地产开发商即可。

⑤ **要求**。分期付款要求购房者有钱直接付款,相当于一次性付款,只是分次数和时间上的差别,而按揭贷款的购房者只需付首付,也就是买房总价的 20%~30% 即可,对资金要求低。

290 什么是一次还本付息?

现在各银行规定,贷款期限在一年以内(含一年),那么还款方式为到期一次还本付息,即期初的贷款本金加上整个贷款期内的利息综合。计算公式如下。

到期一次还本付息额 = 贷款本金 ×[1+ 年利率(%)](贷款期为一年)

到期一次还本付息额 = 贷款本金 ×[1+ 月利率(‰)× 贷款期(月)](贷款期不到一年)

其中:月利率 = 年利率 ÷12。

如以住房公积金贷款 1 万元,贷款期为 7 个月,则到期一次还本付息额为:10000 元 ×[1+(4.14%÷12 月)×7 月]=10241.5 元(贷款利率以 4.14% 为例)。

291 什么是按期付息还本?

按期付息还本是指借款人通过和银行协商,为贷款本金和利息的归还约定不同的还款时间单位,也就是还款人是按月、按季度还是按年等时间间隔还款。

292 什么是本金归还计划?

本金归还计划是指贷款人经过与银行协商,每次本金还款不少于 1 万元,两次还款时间的间隔不能超过 12 个月,利息可以按月或是按季度归还。

293 什么是等额本金还款？

等额本金还款是一种计算非常简便、实用性很强的还款方式。基本算法原理是在还款期内按期等额归还贷款本金，同时还清当期未归还的本金所产生的利息。方式可以是按月还款和按季还款。按银行结息惯例的要求，一般采用按季还款的方式（如中国银行）。其计算公式如下。

每季还款额 = 贷款本金 ÷ 贷款期季数 +（本金 − 已归还本金累计额）× 季利率

以贷款 20 万元、贷款期 10 年为例，如下所示。

每季等额归还本金：200000÷(10×4)=5000（元）。

第一个季度利息：200000×(5.58%÷4)=2790（元）。

则第一个季度还款额为 5000+2790=7790（元）。

第二个季度利息：(200000−5000×1)×(5.58%÷4)=2720.25（元）。

则第二个季度还款额为 5000+2720.25=7720.25（元）。

第 40 个季度利息为：(200000−5000×39)×(5.58%÷4)=69.75（元）。

第 40 个季度（最后一期）的还款额为 5000+69.75=5069.75（元）。

由此可见，随着本金的不断归还，后期未归还的本金的利息也就越来越少，每个季度的还款额也就逐渐减少。

温馨小贴士

这种方式较适合已经有一定的积蓄，但预期收入可能逐渐减少的借款人。如中老年职工家庭，其现有一定的积蓄，但今后随着退休临近，收入将递减。

294 等额本金还款与等额本息还款有什么区别？

等额本金还款的方式主要是每期需要还的贷款金额不同，开始的时候还款数额比较大，越往后还款越少。等额本息还款方式是指每一期还款的金额都一样。

等额本息还款最大的优点就是贷款人开始所需要承担的还款压力相对来说并不是很大。不过需要指出的是，等额本息还款法比等额本金还款法的利息要高一些。

295 什么是宽限期还款法？

宽限期还款法是在等额本金还款法的基础上衍生出的一种还款方式。

它的特点是：根据与房地产开发商签订的"预售协议"，银行允许客户在入住前只归还贷款额本期利息，入住后再开始归还本金，还款方式与等额本金还款法相同。

296 什么是等比递进还款法？

等比递进还款法又称等比递增（减）累进法，就是将整个还款期按一定的时间段划分，每个时间段比上一时间段多（少）还约定的固定比例，而每个时间段内每月须以相同的偿还额归还贷款本息的一种达款方式。

297 什么是等额递进还款法？

等额递进还款法也称等额递增（减）累进法，其与"等比累进还款法"类似。不同之处就是将在每个时间段上约定多（少）还款的"固定比例"改为"固定额度"，以同样在每个时间段内每月以相同的偿还额归还贷款本息的一种还款方式。

298 什么是增本减息法？

增本减息法是指政府以低利率的新债券调换高利率的旧债券，并将新债券利息减少的部分折算为本金，加进新债券的本金中交付给债券持有者。这种调换会因利率降低使政府每年支付的利息减少，但是从长远看，政府将来偿付的本金数额却不会减少，甚至会增加。

299 什么是固定利率？

固定利率由国家规定，是在一定时期内不受社会平均利润率和资金供求变化所影响的一种利率。在贷款合同中会标明在整个贷款期间，利率都是不会变的。在一年以上的贷款业务中，贷款合同往往要规定一个借贷双方都同意的利率标准来计算利息，该利率标准就称为该项贷款的固定利率。例如，国际上中长期的出口信贷均按签订合同时的经济合作与发展组织所规定的统一利率对整个贷款期间支取的款项或贷款余额计算利息。

优点	缺点
利率不随物价或其他因素的变化而调整	一旦利率水平走低，在房贷利率固定的情况下，可能存在购房者为房贷多交钱的情况

300 什么是结构性固定利率?

在利率固定期间,可以分段执行不同的利率标准,一般分为 30 年期固定利率,20 年期固定利率,15 年期固定利率,10 年期固定利率,其中 30 年期固定利率最为常见。30 年期固定利率表示 30 年期间,利率都是固定的,每月房贷还款也都相同,前期还的本金少,利息多,后期则是本金多,利息少。

优点	缺点
月供稳定,适合市场利率在历史低位	还款成本前期高

适用人群:规避投资风险的投资型购房者

301 什么是浮动利率?

浮动利率是一种在借贷期内可定期调整的利率,通常采用基本利率加成计算。

根据借贷双方的协定,由一方在规定的时间依据某种市场利率进行调整,一般调整期为半年。浮动利率因手续繁杂、计算依据多样而增加费用开支,因此,多用于 3 年以上的借贷以及国际金融市场上的借贷。

优点	缺点
锁定期利率低,适合高位利率	锁定期后有利率浮动风险,短期持有

适用人群:适合 5~10 年期的短期贷款者,或贷款者确定利率短期内不会有太大上调

302 什么是月供?

月供指在以银行按揭方式购置商品房、机动车辆等时,根据贷款协议的规定,贷款人应当在还款期间内,每月向贷款银行支付的月还款额,包括本金部分和相应的利息。

303 什么是双周供?

所谓双周供,是指将原来每月偿还一次贷款的传统方式改为每半月一次,还款数额为原数额的一半。目前双周供常见于房贷还款中,在等额本息的还款方式下,采用双周供能大大减少还款所需的利息,最终降低还款压力。双周供还款方式的优缺点如下。

优点	缺点
对于双周薪的贷款人肯定是不错的选择。双周供基本上一年还以前的13个月的金额(一年差一天),对于很多单位年终双薪的贷款人来说,这也是正好的。这样相当于每年年底提前还一次款。这样对于银行的资金安排也有好处,否则每年年底的提前还贷对银行资金安排而言是很困难的	双周供对于资金安排的要求将大大高于月供,忘记或者不够还款的可能性大大高于月供。双周供的罚息比一般的还款方式要高

适用人群:每月收入分多次入账,还款能力充足或欲缩短还款期限的贷款人

304 什么是接力贷?

指以某一子女(或子女与其配偶)作为所购房屋的所有权人,父母双方或一方与该子女作为共同借款人,贷款购买住房的住房信贷产品。

优点	缺点
可以通过指定子女作为共同借款人来延长还款期限/金额	(1)对借款人有年龄要求 (2)不能将子女的预期收入列为还贷来源,考验父母的还贷能力 (3)父母和子女之间有可能因房屋产权出现纠纷,或继承人之间因遗产处理问题发生纠纷

适用人群:年龄40岁以上的购房者以及刚参加工作、收入暂时不高、还款压力较大的年轻人

305 什么是循环贷?

指用户将自有住房拿到银行做抵押,就可获得一定的贷款额度。在房产抵押期内可分次提款,循环使用。

循环贷针对住房变现难的特点,满足用户在生活中常常会出现的投资理财、应急支出、经营周转的需要,方便又快捷。

这种贷款方式根据不同的银行,其额度和年限有所差别。且用途较为局限,要想获得授信,不能用于炒股、买期货。

306 什么是倒按揭?

倒按揭又叫住房反向抵押。人们在年轻时为买房按揭贷款多年,到老了再把房产抵押,按月领钱用于养老,辞世后住房由金融或保险机构收回还贷。由于这种方式与传统的按揭贷款相反,故被称为"倒按揭"。对于拥有房产但缺乏其他收入来源的老年人来说,它提供了一种养老的方式。

优点	缺点
倒按揭是一个比较好的解决养老问题的办法	操作风险大,且实施时间越长、风险越大
适用人群:有住房的老年人	

307 什么是净息还款?

净息还款指的是借款人在购买普通住房后的前三年或是前五年,又或是贷款购买商业用房的前一年,不需要支付贷款的本金,只需要按期支付贷款利息即可。

等到这个时期结束后,借款人再按照等额本金或是等额本息的还款方式来还贷款,比较适合前期资金紧张的借款人。

308 什么是随借随还房贷方式？

随借随还房贷方式是指借款人在银行办理个人住房抵押循环授信业务并办理随借随还房贷后，借款人需要设置好关联的还款账户，该账户的活期存款如果超过约定的部分，那每天就会自动提前还款。当借款人资金紧缺时，只需要通过电子银行就能够马上在授信额度内从银行借取资金。贷款利率按照签订房贷合同时的利率执行，比普通的商业贷款更为优惠。

309 什么是存抵贷？

如果购房者想要购买第二套房子，那么按照国家目前的政策，是不能享受首次购房的优惠利率的。在这样的情况下，投资人可以选择银行的存抵贷业务，就是把手里经常闲置的资金划入房贷还款账户，银行将按照一定的比例看作是提前还贷，并把节省下来的贷款利息作为理财收益返还给本人。

310 个人申请住房商业贷款时应提供哪些资料？

① 个人住房贷款申请书。

② 申请人的身份证件，可以是居民身份证、户口本或是其他有效居留证件。

③ 经办行认可的有权部门出具的有关借款人家庭稳定的经济收入证明或其他偿债能力证明资料。

④ 借款人与售房人签订的合法、有效的住房交易合同、协议或其他批准文件。

⑤ 抵押物或质物清单、权属证明文件，以及有处分权人出具的同意抵押或质押的证明。

⑥ 贷款银行认可的评估机构出具的抵押物估价报告书。

⑦ 保证人出具的同意提供担保的书面承诺及保证人的资信证明。

⑧ 借款人用于购买住房的自筹资金的有关证明（售房人出具的首付款发票或收据及银行进账单）。

⑨ 如果借款人的配偶与其共同申请借款，借款申请书上还要填写清楚配偶的有关情况，并出示结婚证和户口簿等。

⑩ 贷款银行规定的其他文件和资料。

311 按揭贷款的流程是什么？

① **前期准备**。了解一下自己所要购买的房产是否可以办理按揭贷款，房地产开发商是否能够得到银行的支持。

② **填报申请**。在得到肯定答案后，开始准备相关法律文件并填报《按揭贷款申请书》。

③ **审查文件**。银行审查购房者提交的相关法律文件，经审查确认购房者符合按揭贷款的条件后，发给购房者同意贷款通知或按揭贷款承诺书，并确定相应的贷款额度。

④ **相关手续**。购房者在银行签订借款合同以及担保合同，并根据实际情况办理公证、抵押登记、保险等相关手续。

⑤ **开立账户**。选用委托扣除款的方式还款的购房者需要和银行签订委托扣款协议，并在银行指定的营业网点开设还款专用的储蓄存折账户或是储蓄卡、信用卡账户。同时，售房人还要在银行开立售房结算账户或存款账户。

⑥ **支用贷款**。经银行同意发放的贷款，办妥相关手续后，银行要按照借款合同的约定，将贷款直接转入借款人在银行开立的存款账户内，或是将贷款依次或分次划入售房人在银行开立的存款账户内。

⑦ **按期还款**。借款人要按照借款合同所约定的还款计划、还款方式偿还贷款的本金和利息。可供选择的还款方式有委托扣款和柜面还款两种。

⑧ **贷款结清**。主要包括提前结清和正常结清两种。提前结清是指贷款到期日或贷款最后一期前结清；正常结清是指贷款到期日或贷款最后一期结清。

如果提前结清贷款，借款人应该在清偿应付的各项款项后，根据银行具体要求提前数个工作日向银行提出结清申请。贷款结清之后，借款人从银行领取"贷款结清证明"，取回房地产权属抵押登记证明文件以及保险单正本，并持该证明到原抵押登记部门办理抵押登记注销手续。

312 申请按揭贷款的条件是什么？

① 拥有合法的身份：具有城镇常住户口或有效居留身份。

② 有稳定的职业和收入，信用良好，有按期归还贷款本息的能力。

③ 所购住房全部价款20%以上的自筹资金，并保证用于支付所购住房的首付款。

④ 有银行认可的资产作为抵押或质押，或有足够代偿能力的单位或个人作为偿还贷款本息并承担连带责任的保证人。

⑤ 具有购房合同或协议，所购住房价格基本符合银行或银

行委托的房地产估价机构的评估价值。

⑥ 银行规定的其他条件。

313 购房者可以提前还按揭贷款吗？

在征得贷款银行同意的条件下，购房者为减少利息负担，可提前还按揭贷款，但对这种业务的处理办法，各贷款银行略有不同。一般惯例是抵押人自愿提早缴付部分或全部款项时，须提前一个月以书面形式通知抵押权人并经认同，且应给予抵押权人相当于部分或全部款项一月利息的补偿金。

314 按揭贷款购房需要什么资料？

按揭贷款购房需要的资料如下。

① 本人及配偶的有效身份证明（身份证、户口簿或其他有效居住证明），个体经营者要提供营业执照（验原件、留复印件）。

② 借款人婚姻状况证明（结婚证或单身证明）。

③ 外地、外籍或单身人士，要有具有本地户口的人做担保。

④ 借款人及配偶收入和财产证明。

⑤ 购房合同和首付款收据。

⑥ 财产共有人抵押承诺书。

⑦ 银行住房按揭贷款申请审批表。

315 按揭贷款购房的合同需要银行办吗？

按揭贷款购房的合同原件在银行或者本人手里，取决于所购买的房子能不能办理房产证，因此有不同的情况。首先确定所购买的房子能不能办理房产证。

能办理房产证的情况如下。

① 合同一式 4 份，在合同最后一页写的：房产局 1 份，卖方 1 份，买方 1 份，银行 1 份。

② 如果使用公积金，需要合同原件，有些公积金走的是担保公司，担保公司要的也是合同原件。也就是说上述 4 份合同中的买方 1 份和银行 1 份。

③ 当办理房产证的时候，需要去房地产开发商处拿房产局的那 1 份合同。

不能办理房产证（也就是房地产开发商大房产证还没办下来）情况如下。

① 合同签完以后需要备案，备案由房地产开发商出面，把房产局的那 1 份合同给房产局备案留存。

② 剩余的 3 份，房地产开发商 1 份，其他 2 份用于办理公积金。公积金要合同 1 份。如果没走担保公司程序，则会有合同原件；如果走的是担保公司程序，则合同原件会抵押到担保公司。

316 什么是住房公积金贷款？

住房公积金贷款具体是指由各地住房公积金管理中心运用职工及其所在单位缴纳的住房公积金，委托商业银行向缴纳住房公积金的在职职工和在职期间缴纳住房公积金的离退休职工发放的房屋抵押贷款。

317 住房公积金贷款有哪些种类？

① 新房贷款。

② 二手房贷款。

③ 自建住房贷款。

④ 住房装修贷款。

⑤ 商业性住房贷款转公积金贷款。

备注：并不是所有的公积金管理中心都能提供以上类别的贷款，请事先咨询当地住房公积金管理机构。

318 申请住房公积金贷款的条件是什么？

① 具有完全民事行为能力并拥有合法身份。

② 缴存了一定数量的住房公积金。

③ 所购买或是建造的房屋属于国有土地上的具有完全产权的房屋。

④ 本人及所在单位在所购或所建房屋的城市按时足额缴存住房公积金一年以上。

⑤ 拥有资产为贷款抵押或是质押。

⑥ 拥有稳定的职业和收入、良好的信用，有偿还贷款本金和利息的能力。

⑦ 售房单位同意提供阶段性担保。

⑧ 拥有购买自住房的合法合同或是协议，并有所需要的规定比例的自筹资金。

⑨ 同意办理置业担保或是抵押物财产保险。

⑩ 同意住房公积金管理中心所规定的其他条件。

319 申请住房公积金贷款需要提供哪些资料？

① 申请人及配偶住房公积金缴存证明。

② 申请人及配偶身份证明（居民身份证、常住户口本和其他有效居留证件、婚姻状况证明文件）。

③ 家庭稳定经济收入证明以及其他对还款能力有影响的债权债务证明。

④ 购买住房的合同、协议等有效证明文件。

⑤ 涉及抵押或质押担保的，需提供抵押物或质押权利权属证明原件，以及有关部门所出具的抵押物估价证明。

⑥ 公积金中心要求提供的其他资料。

320 住房公积金贷款的办理流程是什么？

① **提出申请：** 借款人向银行提交相关资料。银行负责受理后交住房公积金管理部门或是直接向公积金管理部门提出申请。

② **初审：** 委托人对申请人所提交的申请进行初审。

③ **调查：** 委托人初审合格后，受托人（银行）会对贷款对象进行调查，并提出调查意见。

④ **签订委托合同：** 委托人根据受托人所提出的调查意见，对贷款进行审批，审批同意后，受托人与委托人签订委托合同，

然后由委托人签发委托贷款通知单。

⑤ **签订借款合同：** 根据委托合同，受托人与借款人签订借款合同和担保合同。

⑥ **抵押登记和保险：** 按照借款合同的相关约定和住房公积金管理部门的要求，借款人应在银行办理房屋抵押登记、合同公证以及住房保险等手续。

⑦ **支用款项：** 银行按照借款合同的约定，为借款人开立贷款账户，并把贷款资金划入售房人售房款专用账户或是其他约定账户内。

⑧ **按期还款：** 借款人应该按照借款合同所约定的还款计划和还款方式，委托银行分期扣款或是到银行的柜台按期归还公积金贷款的本金和利息。

⑨ **合同变更：** 合同在执行期间，借款人可以向银行或是住房公积金管理部门提出变更借款期限、还款方式、提前还款等申请。经审核同意后，银行为借款人办理合同变更手续。

⑩ **贷款结清：** 银行为借款人出具"贷款结清证明"，借款人取回抵押登记证明等文件，到原抵押登记部门办理抵押登记注销等手续。

321 住房公积金贷款的贷款期限是多久？

一手房的住房公积金贷款期限最长不超过30年。二手房的住房公积金贷款年期最长不超过30年，同时不能长于房屋余下的土地使用终止年期。无论一手房还是二手房，贷款年期（贷款期限＋申请人年龄）：男性不超过63岁，女性不超过58岁。

322 怎样计算公积金贷款额度？

① **按最高限额算：** 根据所在城市公积金最高贷款额度，来确定自己的贷款额度。

② **按账户余额算：** 购买限价商品住房或经济适用住房，贷款额度不得高于职工申请公积金贷款时住房公积金账户余额的15倍或者20倍，住房公积金账户余额不足2万元的按2万元计算。

③ **按可贷成数计算：** 计算公式为贷款额度＝房屋价格×贷款成数，不同城市公积金可贷成数有差异。

④ **按还贷能力计算：** 个人申请，计算公式为[（借款人月工资总额＋借款人所在单位住房公积金月缴存额）×40％－借款人贷款月应还款总额]×贷款期限（月）。夫妻共同申请时，计算公式为[（夫妻双方月工资总额＋夫妻双方所在单位住房公积金月缴存额）×40％－夫妻双方贷款月应还款总额]×贷款期限（月）。

323 住房公积金缴存范围是什么？

住房公积金的缴存范围包括下列单位及其在职职工（不包含在以下单位工作的外籍职工）：

① 机关、事业单位；

② 国有企业、城镇集体企业、外商投资企业、港澳台投资企业、城镇私营企业以及其他城镇企业或经济组织；

③ 外国投资企业和其他经济组织常驻代表机构；

④ 民办非企业单位、社会团体。

324 怎样查询住房公积金？

按照我国现行的公积金管理制度，除了四个直辖市外，我国各省、自治区的个人住房公积金由分散于全国各地的地级市住房公积金管理中心管理。

公积金查询主要有以下四种途径：

① 持公积金联名卡到开户银行的经办网点查询；

② 在当地住房公积金管理中心的网站查询；

③ 前往当地住房公积金管理中心办事大厅的柜台或是通过触摸屏查询机进行查询；

④ 通过公积金管理中心提供的声讯电话查询；

⑤ 通过手机下载相关应用或服务号等进行自助查询。

325 住房公积金的提取条件是什么？

① 职工因本人或是配偶、父母、子女发生劳动社保部门规定的特殊病症，造成家庭生活严重困难的。

② 职工部分丧失劳动能力，并造成生活严重困难的。

③ 职工享受城镇最低生活保障的。

④ 职工购买、建造、翻建、大修自住住房的。

⑤ 职工离休、退休。

⑥ 不属于本地户籍的职工与工作单位终止了劳动关系，不在本地就业而且要离开本市。

⑦ 与单位终止劳动关系，而且户口迁出本地。

⑧ 完全丧失劳动能力，并且与单位终止劳动关系的。

⑨ 本人出境定居的。

⑩ 提取公积金用于偿还购房贷款本息的。

⑪ 房租超过家庭工资收入的规定比例的。

326 提取住房公积金要注意什么？

① 是否满足提取条件。

② 到所在单位开具提取证明。

③ 需要的材料是否齐全。

根据《住房公积金管理条例》第二十五条的规定，职工提取住房公积金账户内的存储余额的，所在单位应当予以核实，并出具提取证明。

职工应当持提取证明向住房公积金管理中心申请提取住房公积金。住房公积金管理中心应当自受理申请之日起3日内做出准予提取或者不准提取的决定，并通知申请人；准予提取的，由受委托银行办理支付手续。

327 住房公积金提取有哪些手续？

提取住房公积金需要的手续如下。

① 提出申请、提交资料。

a. 本人办理。带上个人身份证、公积金缴存证明和提取用途相关证明材料，选择任意的管理部及受托银行代办点提出申请。

b. 单位经办人办理。单位经办人带上身份证、申请人填写的《申请提取住房公积金个人授权、承诺书》及提取用途相关证明材料，选择任意的管理部及受托银行代办点提出申请。

c. 委托他人办理。被委托人带上委托人及被委托人身份证、《个人授权委托书》及提取用途相关证明材料，选择任意的管理部及受托银行代办点提出申请。

② 管理中心审核。 当地住房公积金管理中心在受理后会根据资料展开审核，然后做出准予提取或是不准予提取的决定，并通知客户。

③ 划拨款项。 准予提取的，当地住房公积金管理中心将在三个工作日内将提取款项发放至指定银行卡当中（客户可以于

第四个工作日到银行柜台或者 ATM 机上查询自己申请提取的住房公积金款项是否到账,如果尚未到账,可以拨打电话 12329 咨询住房公积金管理中心的工作人员)。

328 什么是组合贷款?

组合贷款其实就是公积金贷款和商业贷款同时使用,其性质是政策性贷款和商业性贷款的结合。但触发组合贷款的关键是公积金贷款不足以支付购房款,这时就可以向受委托办理公积金贷款的商业银行申请组合贷款。

329 怎样申请组合贷款?

① 向贷款银行提出申请。带上身份证、购房合同等相关资料去银行申请组合贷款。

② 等待银行审核。贷款银行会根据用户提供的资料进行审核和评估,最终决定是否给予贷款资格。

③ 签订合同。用户获得组合贷款资格后,经银行通知,约定期限签订贷款合同并到产权部办理担保手续。

④ 办理抵押手续。签订完合同以后,用户需要去产权部门办理抵押保险手续,并将保险单正本交付贷款银行进行保管。

⑤ 开设还款账户,确定还款方式并办理代扣手续。如果采用储蓄卡进行还款的,需要到相关网点办理代扣储蓄卡,根据代扣协议进行还款。

⑥ 银行放款。在办理完所有手续之后,贷款银行会按照贷款合同约定将款项转给房地产开发商。

330 申请组合贷款需要提供哪些资料？

① 贷款申请表。

② 申请人的身份证件（居民身份证、户口本或是其他身份证件）。

③ 商业贷款合同。

④ 维修基金收据第六联。

⑤ 公积金管理部门和贷款银行所认可的借款人偿还能力证明材料，比如收入证明和资产证明等。

⑥ 房屋买卖合同正本以及复印件（2 份）、协议和相关批准文件。

⑦ 权属转移登记申请书（由房地产开发商提供）。

⑧ 预交房款收据复印件（2 份）。

⑨ 涉及抵押或是质押担保的，需要提供抵押物或是质押权利的权属证明文件以及处分权人同意抵押或是质押的书面证明。

⑩ 私人印章（已婚的夫妻双方各一枚印章）；组合贷款联络单及其复印件。

⑪ 涉及保证担保的，需要提供保证人同意提供担保的书面证明。

⑫ 承诺以及保证人的资信证明。

⑬ 借款人用于购买住房的自筹资金的相关证明。

⑭ 公积金管理部门和贷款银行所规定的其他文件及资料。

331 办理组合贷款的流程是什么？

① **提出申请**。提出书面贷款申请，并提交相关资料。

② **贷款期限**。考核借款人是否符合借款条件并计算贷款额

度、确定贷款期限。

③ **签订贷款合同**。借款人获得公积金个人住房贷款额度之后，持公积金管理部门出具的《公积金个人住房贷款委托通知单》向贷款银行申请组合贷款。借款人在接到银行同意贷款的通知后，需要和贷款银行就公积金个人住房贷款和自营性个人住房商业贷款分别签订借款合同及担保合同（不用房屋担保的签订质押合同），并视情况办理合同公证。

④ **办理抵押、保险**。签订合同后，办理抵押登记、保险以及其他必需的手续。办理抵押登记和保险的费用由借款人承担，抵押期间保险单正本由贷款银行保管。

⑤ **签订划款协议**。在贷款银行开立一个账户，选择委托扣款方式。借款人要在贷款银行开立还款专用的储蓄存折账户或储蓄卡、信用卡账户，并与贷款银行签订代扣协议。

⑥ **银行划款**。借款人按照与贷款银行约定的时间到贷款银行办理领款手续。办妥相关手续后，银行会按照借款合同的约定，将贷款直接转入借款人在银行开立的存款账户内，或将贷款依次或分次划入售房人在银行开立的存款账户内。

⑦ **按期还款**。借款人要按照借款合同所约定的还款计划、还款方式，按期偿还公积金个人住房贷款和银行自营性住房贷款的本金及利息。可供选择的还款方式有委托扣款和柜面还款两种。

⑧ **贷款结清**。这个步骤和办理按揭贷款是一样的，在这里不重复叙述。

332 怎样降低房贷利息？

① **提前还贷/部分提前还贷**。如果手里资金充裕，又没有

好的投资渠道,这种方式最直接有效,但门槛较高,适合人群有限。

② **优化个人资质**。贷款利率的高低与借款人的资质有很大关系。通常在银行申请贷款时,银行都会查询借款人征信,看看有没有逾期记录。如果借款人资质良好,银行在贷款利率上都会提供一定的优惠。但如果借款人资质较差,逾期行为较多,银行可能不会同意购房者的贷款申请,即使同意,也会提高贷款利率,平衡自己的放贷风险。

③ **提供更多的资产证明**。在申请贷款时,如果借款人可以提供更多的资产证明,比如第二套房屋相关证明、车辆相关证明,让贷款机构相信借款人是有定期还款能力的,那么无疑给贷款机构"吃了一颗定心丸",受到贷款机构的欢迎,这样要拿到更低的利率也是非常简单的事情。

④ **商转公/组合贷**。这种方式被官方认可,但只适合部分城市,商转公和组合贷的问题也有很多人关注。

⑤ **转房屋抵押贷款利率**。房屋抵押贷款可以有一次抵押和二次抵押,而且符合条件的还可以办理经营贷。

注意:抵押房屋贷款需要有明确的贷款用途,不能用于法律法规明令禁止的用途,比如炒房和炒股。

假如你的房子目前值100万元,而剩余房贷只有50万元,那么可以申请二次抵押贷款,部分银行的二次抵押贷款利率也相对较低,如果能申请到再贷款50万元,那这样就可以自由支配资金,合理合规地降低利息。

333 转按揭需要走的流程是什么?

转按揭是个人住房转贷款的通称,有两种情况:第一种情况是原借款人(售房人)原先在银行贷款买房,通过转按揭手续,可以将贷款随房屋一同转给新借款人(购房人);第二种情况是原借款人因融资或周转资金等需要,欲利用已抵押给银行的房屋增加贷款额,也可以通过转按揭手续转由其他银行办理贷款。通常,房贷转按揭的办理流程如下。

① 原借款人向银行提出申请。

② 银行审核通过的,由银行、售房人和购房人签订协议,银行同意售房人转让住房,售房人承诺将售房款优先用于偿还银行贷款,并授权银行从其在银行开立的账户上直接扣收尚未偿还的贷款本息,购房人承诺交易时将房款划入售房人在银行开立的账户上。

③ 售房人和购房人签订住房转让合同。

④ 购房人向银行提出新的贷款申请,贷款额可以为售房人的剩余贷款余额,也可以按照下列公式计算。

贷款额 = 所购住房市场价格 × 二手房贷款成数

⑤ 银行审批同意后,与购房人签订新的借款合同和抵押合同,出具同意贷款的承诺函。

⑥ 银行与售房人到房地产管理部门办理注销抵押登记手续,售房人与购房人办理房屋产权过户手续,银行与购房人办理新的抵押登记手续。

⑦ 银行对购房人发放贷款,根据购房人的授权,将贷款划到售房人开立的账户上,然后根据售房人的授权,从账户上直接扣收售房人尚未偿还的贷款本息,终止原借款合同。

334 贷款购买二手房，卖方需要提供哪些材料？

① 售房人声明。

② 房产未出租证明。

③ 房产证原件以及复印件（两份），如果没有房屋竣工年代，则需要房主填写竣工年代证明。

④ 单身证明或结婚证复印件一张。

⑤ 如果房主已婚，则需要提供配偶共有权人身份证、户口本复印件各一份。

⑥ 出售已购公房声明或原购房协议原件以及复印件一份。

⑦ 配偶及共有权人同意出售证明或是无财产共有权人声明。

335 贷款购买二手房，买方需要提供哪些材料？

① 买卖合同原件一份，复印件两份。

② 买方借款人身份证、户口本（暂住证）原件及复印件一份。

③ 买方借款人收入证明（部分银行需要提供连续半年的工资条）。

④ 买方工作单位营业执照副本复印件一份（需要加盖公章）。

336 申请二手房贷款需要注意什么？

① **评估价与最高贷款额。** 在申请二手房贷款时，银行通常会先对房产进行评估，评估值通常会低于其市场价值。银行在核准贷款时会采用合同价和评估价取得的原则，取两者之间的

低值乘以贷款成数，得出房产的最高贷款额度。

② **竣工年代与贷款期限**。房产证上的竣工年代通常很容易被借款人忽略。其实，银行在审批贷款的过程中，通常会把竣工年代作为影响借款人申请贷款年限的主要条件。一些银行实行的政策是"房龄 + 贷款年限 ≤ 30 年"。

③ **贷款成数和利率**。目前，各银行对二手房的政策是首套住房三成首付；二套住房六成首付，利率上浮 10%。

④ **还款方式和贷款银行的选择**。现在二手房贷款的主要还款方式是等额本息、等额本金、双周供以及固定利率等，借款人可以根据实际情况选择适合自己的还款方式。贷款人要根据自己选择的房贷产品来选择贷款银行，要综合各银行网点的数量、还款的便利程度和工资发放银行等条件来选择。当然，服务质量这些软性条件也要加以考虑。

⑤ **收入能力与还款能力**。银行在审批贷款时都会要求借款人提供能够证明其还款能力的证明，这就是人们经常提到的收入证明。

⑥ **放贷周期**。通常情况下，银行需要客户选定相应的担保服务机构。担保服务机构参与进来后，银行通常从买卖双方办理完过户手续起 3~4 个工作日内把房款给业主，加上之前的评估和银行审批时间，一般最快 7 个工作日就可以办理完成。

337 借款合同如何变更或终止？

① 借款人按照借款合同的相关规定偿还全部的借款本息后，会把抵押物或是质押物返还给抵押人或是质押人，借款合同自动终止。

② 借款人的合同确实需要变更的，必须得到贷款经办银行、

借款人以及有关各方面同意后才能签订变更合同。

③ 如果借款人宣告失踪、死亡或是丧失了民事行为能力，其财产继承人、监护人或是受遗嘱人如果继续履行借款人所签订的借款合同，则需要签订新的借款合同并办理相关手续。

338 为未成年子女购房可以申请贷款吗？

首先，按照我国《民法》的规定，年满18周岁的人才具有完全民事行为能力，可以进行民事活动，有完全民事行为能力的人才能向银行申请贷款。

为此，中国人民银行根据国家相关的法律规定：只有年满18岁而不超过65岁的人才能向银行申请贷款。65岁是根据北京市平均生活寿命和离退休人员的最高年龄综合评定出来的，这是银行规定的贷款年龄要求。

另外，按照法律规定，未成年人从事民事活动应由其法定监护人代为办理，因此，未成年人不能直接以自己的名义向银行申请贷款。但目前许多买房人愿意在预售契约（或买卖契约）及产权证上写上子女的名字，然后向银行申请贷款。

为此，银行要求：

① 预售契约（或买卖契约）必须由未成年人和其父母（或其中一方）共同在契约上签名；

② 由未成年人法定监护人作为贷款申请人向银行提出贷款申请；

③ 办理父母和子女关系公证及父母与子女共同共有产权及代为还款的承诺公证。

当签署了购房契约，并准备了上述银行要求的文件以后，才可以通过律师的贷款资格审查，向银行申请贷款。

第十章 房产抵押

房产贷款是专为房产所有者提供借贷的产品分类,包括房屋抵押贷款、房屋短期贷款、过桥资金拆借、房产二次抵押贷款等服务。客户可利用自己或他人名下的房产作为抵押物,申请获得便利快捷的贷款,期限灵活,费率合理。申请成功后,贷款申请人需按月还款。

339 什么是房地产抵押?

房地产抵押,是指抵押人以其合法的房地产在不转移实际占有的前提下,向抵押权人提供债务履行担保的行为。当债务人不履行其承担的债务时,抵押权人有权依法对抵押房产进行折价、拍卖、变卖等处置方式取得价款,从而优先受偿。

340 为什么要设定房地产抵押?

设定房地产抵押权的目的在于保证债权期限届满时顺利受偿及优先受偿,以避免主债权不能依约受偿的风险。

341 什么是抵押人?

指向债权人提供一定的财产作为抵押物,用以担保债务履行的债务人或第三人。当抵押人将自己的财产抵押后,本人只是部分丧失对抵押物的处分权,不能完全行使对抵押物所享有的权利。

342 什么是抵押权人?

抵押权人,是指对债务人享有债权,并在债务人不履行债务时,就抵押物优先受偿的人。抵押权人就是受抵押担保的债权人。抵押权是由债务人或第三人就其提供抵押的特定财产所设定的物权。

343 什么是抵押合同?

抵押合同是抵押权人(通常是债权人)与抵押人(既可以是债务人,也可以是第三人)签订的担保性质的合同。抵押人以一定的财物(既可以是不动产,也可以是动产)向抵押权人设定抵押担保,当债务人不能履行债务时,抵押权人可依法以处分抵押物所得价款优先受偿。

344 哪些物品可以作为抵押物?

① 抵押人所有的房屋和其他地上定着物。

② 抵押人所有的机器、交通运输工具和其他财产。

③ 抵押人依法有权处分的国有的土地使用权、房屋和其他地上定着物。

④ 抵押人依法有权处分的国有的机器、交通运输工具和其他财产。

⑤ 依法获准尚未建造的或者正在建造中的房屋或者其他建筑物,当事人办理了抵押物登记以后可以抵押。

345 怎样办理房地产抵押?

我国的法律法规规定,房地产在设定抵押权时,抵押人必须凭土地使用权证书、房屋所有权证书办理。以土地使用权和地上建筑物、其他附着物设定抵押权时,应当按照规定办理抵押登记。

346 房地产抵押合同包括哪些内容?

抵押合同订立的时间和地点:

① 抵押人、抵押权人的名称或是个人名称和住所;

② 主债权的种类和数额;

③ 债务人履行债务的具体期限;

④ 抵押房地产的处所、名称、状况、建筑面积、用地面积

以及其他相关情况；

⑤ 抵押房地产的价值；

⑥ 双方解决争议的具体方式；

⑦ 抵押权灭失的具体条件；

⑧ 抵押房地产的占用管理人、占用管理方式、责任以及意外损毁、灭失的责任；

⑨ 抵押人和抵押权人的违约责任；

⑩ 双方约定的其他事项。

另外，抵押物如果需要上保险，当事人应该在合同中进行约定，并且还要在保险合同中把抵押权人设定为保险赔偿金的优先受偿人。

温馨小贴士

抵押权人如果需要在房地产抵押之后限制抵押人出租、出借或是改变抵押物用途的，应该在合同中进行约定。

订立抵押合同时，不能在合同中约定在债务履行期限届满、抵押权人还没有受到清偿时，抵押物的所有权转移为抵押权人所有的相关内容。

347 用于建设工程抵押的抵押合同，还应当表明什么内容？

① 《国有土地使用权证》《建设用地规划许可证》和《建设工程规划许可证》编号。

② 已交纳的土地使用权出让金或需交纳的相当于土地使用权出让金的款额。

③ 已投入在建工程的工程款。

④ 施工进度及工程竣工日期。

⑤ 已完成的工作量和工程量。

348 什么情况下，抵押权人有权要求处分抵押的房地产？

① 债务履行期满，抵押权人未受清偿的，债务人又未能与抵押权人达成延期履行协议的。

② 抵押人死亡，或者被宣告死亡而无人代为履行到期债务的；或者抵押人的合法继承人、受遗赠人拒绝履行到期债务的。

③ 抵押人被依法宣告解散或者破产的。

④ 抵押人违反本办法的有关规定，擅自处分抵押房地产的。

⑤ 抵押合同约定的其他情况。

349 债务人或者第三人有权处分的财产，哪些可以抵押？

《中华人民共和国民法典》第三百九十五条规定，债务人或者第三人有权处分的下列财产可以抵押。

① 建筑物和其他土地附着物。

② 建设用地使用权。

③ 海域使用权。

④ 生产设备、原材料、半成品、产品。

⑤ 正在建造的建筑物、船舶、航空器。

⑥ 交通运输工具。

⑦ 法律、行政法规未禁止抵押的其他财产。抵押人可以将前款所列财产一并抵押。

350 债务人或者第三人有权处分的财产，哪些不可以抵押？

债务人或者第三人有权处分的下列财产不得抵押。

① 土地所有权。

② 耕地、宅基地、自留地、自留山等集体所有的土地使用权，但法律规定可以抵押的除外。

③ 学校、幼儿园、医院等以公益为目的的事业单位、社会团体的教育设施、医疗卫生设施和其他社会公益设施。

④ 所有权、使用权不明或者有争议的财产。

⑤ 依法被查封、扣押、监管的财产。

⑥ 法律、行政法规规定不得抵押的其他财产。

351 哪些房屋不能设定抵押？

抵押，实际上是一种物的担保。因此，对抵押物的合法性审查是抵押有效与否和能否获得登记的关键。根据《城市房地产抵押管理办法》的有关规定，下列房地产不得设立抵押。

① 权属有争议（即权利主体不确定）的房地产。

② 列入文物保护的或具有重要纪念意义的建筑物。

③ 已依法公告列入拆迁范围的房地产。

④ 用于教育、医疗、市政等公共福利事业的房地产。

⑤ 已被依法查封、扣押、监管或以其他形式限制的房地产。

⑥ 依法不得抵押的其他房地产。

352 房改房可以抵押吗？

房改房之前属于单位所有，随着房产市场的放开，此类房产进入了房改的序列，由原来的国家所有变成了私人所有，虽然没有土地证和产权证，但是此类房产就本质而言是可以申请贷款的，不会影响到此类房产贷款的办理。

我国房产抵押贷款的政策：贷款成数为房产评估值的5~6成、贷款期限为10年、贷款利率为基准年利率上浮10%。借款人在办理贷款时需要向银行提供贷款资金用途证明。银行对于借款人的征信记录（信用记录）审核得比较严格。另外，我国的多数银行都已经开办了此类贷款业务。因此对于房改房，可以向银行申请抵押贷款。

353 一次性付款的预售商品房可以抵押吗？

一次性付款的预售商品房一般不可以抵押。房产抵押需要产权明晰，具有由房产部门、土地管理部门核发的房产证和土地证，在建预售商品房未办理产权证书，无法进行抵押登记。

354 抵押权可以重复抵押吗？

《中华人民共和国民法典》中规定，抵押权可以重复抵押，房屋设立了最高额抵押权的，房屋可以多次进行抵押，并且可以办理他项权证。

《中华人民共和国民法典》第四百二十条（最高额抵押权的定义）规定，为担保债务的履行，债务人或者第三人对一定期间内将要连续发生的债权提供担保财产的,债务人不履行到期债务或者发生当事人约定的实现抵押权的情形,抵押权人有权在最高债权额限度内就该担保财产优先受偿。最高额抵押权设立前已经存在的债权,经当事人同意,可以转入最高额抵押担保的债权范围。

355 如何才能实现房地产抵押?

实现房地产抵押债权,可以通过以下方式:

① 拍卖抵押权人在债权已届清偿期而债务人没有履行还款义务时,可以申请法院依照一定的程序拍卖抵押物;

② 如果抵押权人不愿意拍卖抵押物的,也不愿意取得标的物的所有权时,可以通过一般的买卖方式变卖抵押物。

《中华人民共和国民法典》第四百一十条规定,债务人不履行到期债务或者发生当事人约定的实现抵押权的情形,抵押权人可以与抵押人协议以抵押财产折价或者以拍卖、变卖该抵押财产所得的价款优先受偿。协议损害其他债权人利益的,其他债权人可以请求人民法院撤销该协议。

抵押权人与抵押人未就抵押权实现方式达成协议的,抵押权人可以请求人民法院拍卖、变卖抵押财产。抵押财产折价或者变卖的,应当参照市场价格。

356 什么是房地产抵押贷款?

房地产抵押贷款是指抵押人为取得工程继续建造资金的贷款,以其合法方式取得的土地使用权连同在建工程的投入资产,以不转移占有的方式抵押给银行作为偿还贷款履行担保的行为。

357 房地产抵押贷款有哪几种？

房地产抵押贷款根据利息计算和本金偿还方式的不同，可以分为以下几种。

① **渐进式抵押贷款**。这种贷款是指在偿还期内根据借贷人的收益水平规定合理的、不等的偿还额，或每次还款额相同但还款的时间间隔逐渐变小。计算每分段还款期的还款增加幅度可由借贷双方协商确定。

② **递减式还款抵押贷款**。它是指先固定每个还款期所需偿还的本金，然后以日息计算每期应付的利息。例如在第二个还款期时，从总贷款额中扣除已还的本金，以此作基数来计算本期应付的利息。因此，贷款人应付本息逐期相继减少。

③ **定息抵押贷款**。它是指金融机构在进行房地产抵押贷款时，在整个还款期限内固定抵押贷款利率的做法。这种抵押贷款方法对借贷人来说，好处是能够准确地测算出在未来的一段时间内的支出，但要承担比目前市场利率还要高的抵押利率。这是因为通常金融机构为了减少风险，并不固定整个还款期的利率，只固定一段时间的利率水平。

④ **重新协议利率**。又叫滚动抵押贷款，是指抵押贷款在还款期限内每隔3年、4年或5年，允许双方重新协议抵押利率。有些金融机构将这种抵押形式与渐进式抵押贷款相结合加以运用，吸取两者各自的优点。利用渐进式抵押贷款可以减少初期偿还金额，能够促使更多的人利用抵押贷款，而利用重新协议利率抵押贷款可以使贷款人在利率上升后将损失转移给借贷人。但有时会给借贷人造成双重不利的影响，即一方面利率上升增加了借贷人的还款负担，另一方面渐进式抵押贷款又有计划地增加了借贷人的还款额。

358 房产抵押贷款有哪些优缺点？

优点	缺点
① 贷款年限长，最长贷款授信期限为30年，但借款人的年龄与贷款期限之和不能超过70年 ② 利率相对较低 ③ 额度比较高，房产是占我国民经济的主要份额，个人房产一般价值都比较高，房产抵押住宅商品房最高可以做到房产价值的8成，如果是别墅，一般为6成，商铺、办公楼、商住两用房为5成 ④ 还款方式多样。抵押贷款还款方式很多，有先息后本、等额本息、等额本金、气球贷、3年先息后本17年等额本息组合贷、20年先息后本每年归本5%等，抵押贷款还款方式相对别的贷款方式要多出很多，申请人可以自由申请适合自己还款方式的产品 ⑤ 能用他人房产申请房产抵押贷款：假使借钱方名下无房产，但借钱方具备还款能力，也能使用亲属或朋友名下的房产作为抵押物，前提是抵押人要出具同意抵押声明材料，并且要同时满足一定的条件	① 审批流程比较慢：抵押贷款相对信用贷款等审批流程比较慢，一般包括审核材料、面谈、下户、核访公司、公证、抵押等流程，审批放款时间一般比较长 ② 对房产价值、性质要求比较高：不是所有房产都可以作抵押，考虑到房产的变现问题，银行通常规定抵押房产的年限要在25年左右，房产面积大于50平方米。另外许多银行不接受未满5年的经济适用房、未满3年的动迁房、小产权房、贷款未还清的按揭房产等 ③ 产调不能有不良信息：房产抵押不仅对房产性质有要求，对产调也有一定要求，产调里面不能有违章建筑、动迁等信息，有这些信息是办理不了抵押贷款的 ④ 贷款用途要求严格：放款一般要求提供购销合同、发票、收据等，而且银行都会要求受托支付，放款到第三方对公账户，如公司法人、个人或者股东个人账户 ⑤ 抵押房产有被没收的风险：申请房产抵押贷款后，若借款人力不从心，不按时足额还款。逾期超过一定的期限后，银行则有权处置、变卖抵押的房产，所得款项将优先用于偿还贷款的本息

359 什么是保证贷款？

保证贷款是担保人以其自有的资金和合法资产保证借款人按期归还贷款本息的一种贷款形式。如借款人到期不能偿还债务，即由担保人履行保证义务。保证贷款为客户生产经营活动提供信贷资金支持。币种主要有人民币、美元；贷款期限最长不得超过 7 年，其中贷款宽限期不得超过 3 年。

360 什么是质押贷款？

质押贷款是指贷款人按《民法典》规定的质押方式以借款人或第三人的动产或权利为质押物发放的贷款。可作为质押的质物包括：国库券（国家有特殊规定的除外），以及国家重点建设债券、金融债券、AAA 级企业债券、储蓄存单等有价证券。出质人应将权利凭证交与贷款人。

《质押合同》自权利凭证交付之日起生效。以个人储蓄存单出质的，应提供开户行的鉴定证明及停止支付证明。

361 抵押贷款与质押贷款有什么区别？

区别/方式	抵押贷款	质押贷款
标的物	以不动产作为担保物，比如房屋、土地等	以动产作为担保物，如自己使用存款凭证所购入的债权，以及公司所需的设备和器械都可以申请质押贷款
是否登记	合同登记生效	动产质押交付即生效 权利质押合同登记生效

续表

区别／方式	抵押贷款	质押贷款
占有权是否转移	不会转移质押物的管理形式，质押物依旧交给抵押人保管，同时也可以使用	改变了质押物的管理形式，质押物由质权人保管
权利的实现	当债务人没有足够的偿付能力偿还债务时，债权人没有直接处置抵押物的权利，需要与抵押人协商，再通过法院判决确定抵押物的处置方式	不需要质权人协商，也不需要法院判决，债权人可以在合同约定的期限后自行处理
效力	只提供简单的担保效力	不仅由质权人进行分配，还反映了留置效力
概念	债务人或者第三人不转让抵押物的占有，以抵押物为债权的担保。债务人不履行债务的，债权人有权拍卖、出售其资产和收入，优先偿还债务	指债务人或者第三人将财产转让给债权人，以动产作为债权的担保。债务人不履行债务时，债权人有权依法变卖其动产，以其所得优先清偿债务
生效时间	合同自登记日即可生效	自质权人接手质押物或质押权之日生效

362 房地产抵押贷款的用途有哪些？

① 购房贷款抵押贷款，就是购买商品房时无法一次支付，用所购房屋抵押贷款来支付房款，但这个只能用于按揭买房时。

② 消费型抵押贷款，就是为了支付消费行为而把房屋抵押，从而获得贷款用于支付消费款。

③ 投资经营性抵押贷款，就是为了获得投资资金而把房屋抵押获得贷款。

363 设定房地产抵押时，"房"和"地"可以分开吗？

根据国家相关法律法规规定，设定房地产抵押时，"房"和"地"是不可以分开的。因为我国的房地产施行的是房地合一的原则，具体来说就是在已经有房屋建设的土地上，房屋所有权人和土地使用权人是同一个主体，房屋所有权与土地使用权分离的情况是不允许出现的。

> **温馨小贴士**
>
> 房地产在进行抵押时要遵循房地合一的原则，不能把土地上的房屋与土地使用权分别抵押。土地使用权在抵押时，其地上的建筑物以及其他的附着物也要随之抵押。当然，土地上的建筑物以及其他附着物在抵押时，其使用范围内的土地使用权也会随之抵押。

364 什么是房地产抵押登记？

房地产抵押登记是指抵押双方的当事人为了让抵押成立而在房地产登记机构依照法定程序履行的法定行为。

进行房地产抵押登记一方面是为了保障主债权的安全，经过登记这个法定程序，能起到对抵押物是否有瑕疵的把关作用，有利于对抵押权人的保护。

另一方面，我国现行的法律规定房地产抵押登记是法定的要式行为。抵押权是一种在抵押物上所设定的他项权利，履行抵押登记手续是抵押法律关系成立的必要条件。

365 房地产抵押登记的流程是什么？

① **提交申请**。向登记机关提出登记申请，并提交相关材料。

② **受理申请**。登记机关应当对申请人所提出的申请进行审核，凡是权属清楚、证明材料齐全的，应当自受理登记之日起7天内决定是否予以登记。对不予登记的，应当书面通知申请人。对符合规定的申请，登记机关会设定一个申请编号并给回执，回执应注明所收取的文件、受理日期和编号。

③ **审核**。登记机关从房地产登记册中查清楚申请抵押登记的房地产的权利状况，驳回那些不符合规定的抵押登记申请。查清楚申请抵押登记的房地产的权利状况后，还要对相关文件进行审查，看一下这些文件是否真实、齐全和有效。经审核符合规定的予以登记，并通知抵押当事人。

④ **登记**。对已经核准的抵押登记，登记机关会在房地产权利证书上加盖抵押专用章，并在房地产登记册上做抵押记录。抵押记录应该包括抵押人、抵押权人，抵押物名称、面积、价值，抵押金额和抵押期限等内容。另外，预购的房地产抵押时，应当在买卖合同书上加盖抵押专用章。

⑤ **收费发证**。

a. 将已经加盖房地产抵押专用章的房地产权利证书在规定时间内退回给抵押当事人（由抵押当事人凭回执、身份证明以及交费凭证领取）。

b. 登记费的收取标准按照国家或是地方的有关规定执行。

⑥ **立卷归档**。按照规定建立土地和房地产登记的档案。

366 申请房屋的抵押权登记时需要准备哪些材料?

根据《房屋登记办法》的规定,当事人申请房屋的抵押权登记时需要提供以下材料:

① 登记申请书;

② 申请人身份证明;

③ 房屋所有权证书或是房地产权证书;

④ 抵押合同和主债权合同;

⑤ 其他必要材料。

367 申请房屋抵押权变更登记时需要提交哪些资料?

根据《房屋登记办法》规定,申请房屋抵押权变更登记时应该提交下列材料:

① 登记申请书;

② 申请人的身份证明;

③ 房屋他项权证书;

④ 抵押人与抵押权人变更抵押权的书面协议(因抵押当事人姓名或是名称发生变更,又或是抵押房屋坐落的街道、门牌号发生变更申请变更登记的,不需要提供抵押人与抵押权人变更抵押权的书面协议);

⑤ 因被担保债权的数额发生变更申请抵押权变更登记的,还应当提交其他抵押权人的书面同意文件;

⑥ 其他必要材料。

368 申请抵押权注销登记时需要提交哪些资料？

根据《房屋登记办法》的规定，申请抵押权注销登记时应该提交下列材料：

① 登记申请书；

② 申请人的身份证明；

③ 房屋他项权证书；

④ 能够证明房屋抵押权消灭的材料；

⑤ 其他必要材料。

369 房屋抵押后能不能继续出售？

根据《民法典》的规定，房主把房屋抵押之后，房屋的所有权仍然归房主所有，房主有权将房屋出售。可是，为了保护抵押权人的权益，该法规对房主出售已经抵押的房屋做出一定的限制。

① 房主出售房屋所得到的价款，应当用来向抵押权人提前清偿所担保的债权或是向与抵押权人约定的第三人提存。超过债权数额的部分，归房主所有；不足部分由债务人清偿。

② 抵押期间，房主如果转让房屋，则必须通知抵押权人并告知买主房屋已经被抵押了。未通知抵押权人或者未告知受让人的，转让行为无效。

③ 买卖房屋的价款如果明显低于房产的实际价值，抵押权人可以要求房主提供相应的担保。如果房主不提供担保，房屋则不能出售。

④ 抵押期间，房主将抵押财产转让的，抵押权不受影响，在办理抵押登记的抵押物时，应当通知抵押权人，因为这种转让可能与抵押权人未来的利益相关。

370 房地产抵押具体应如何操作?

在办理房地产抵押登记的过程中,首先应当考察该房产是否确属自己名下,该房产是否属于国家允许抵押的范围,在此前提之下,签订房地产抵押合同,并根据《城市房地产抵押管理办法》第三十条、第三十一条的有关规定,自房地产抵押合同签订之日起30日内,到房地产所在地的房地产管理部门办理房地产抵押登记,从而使得房地产抵押得到法律的确认和保护,保证在主债权期限届满、债务人无法清偿时,依法实现抵押权,有效维护自身的合法权益。

371 为什么房产抵押必须征得夫妻一致同意才有效?

根据《中华人民共和国民法典》的相关规定,夫妻在婚姻关系存续期间所得的财产,归夫妻共同所有。夫妻对共同所有的财产,有平等的处理权。

372 签订房屋抵押合同时一般应注意哪些问题?

一般的银行抵押合同及房产局的抵押合同均为制式合同,抵押人应注重抵押范围及抵押权利范围。

① **对于抵押人来说,要注意合同当事人的合法性:** 应要求作为抵押标的房屋的所有人出示房屋产权证,并到房地产管理部门核实该房屋是否设有其他抵押权或其他物权。

② **合同抵押房屋的合法性:** 要了解哪些房地产不得设定抵押。

③ **共有房屋抵押情况:** 如以共有的房屋进行抵押,抵押人应事先征得其他共有人的书面同意。

④ **合同备案的其他约定:** 要注意抵押合同登记备案有费用

的约定,如果对费用未做约定,则应由抵押人来承担。

⑤ **债务人的担保情况:** 债务人履行债务的期限如果是对于自身债务借款进行担保,则应当按借款合同中的借款期限进行填写;如果是对于第三方债务担保,则应当按针对此处房产所能担保的债务期限进行填写。

373 抵押人死亡后原抵押合同是否有效?

抵押人死亡、依法被宣告死亡或者被宣告失踪时,其房地产合法继承人或者代管人应当继续履行原抵押合同。

374 房地产抵押合同未办理登记,不产生抵押权,那么房地产抵押合同是成立未生效吗?

房地产抵押的公示方法为登记。对此,我国相关法律明确规定,即"房地产抵押,应自抵押合同签订之日起30日内,到房地产所在地的县级以上房地产管理部门办理抵押登记""房地产抵押合同自抵押登记之日起生效"。可见,房地产抵押登记是房地产抵押合同的必要的生效要件。

375 经过登记预告的房屋,卖方还可以抵押吗?

为了保障房屋购买人的权益,《中华人民共和国民法典》规定,预告登记后,未经预告登记的权利人同意,处分该不动产的,不发生物权效力。也就是说,一旦进行了登记预告,在有效期限内,原房主将此房再次出售或者抵押的行为全部无效。

《中华人民共和国民法典》第二百二十一条规定，当事人签订买卖房屋的协议或者签订其他不动产物权的协议，为保障将来实现物权，按照约定可以向登记机构申请预告登记。预告登记后，未经预告登记的权利人同意，处分该不动产的，不发生物权效力。预告登记后，债权消灭或者自能够进行不动产登记之日起九十日内未申请登记的，预告登记失效。

376 私人借款用房地产抵押，仅签订房地产抵押合同，不办理抵押登记是否有效？

当事人仅就抵押房地产签订了房地产抵押合同并不导致抵押权的产生。首先，从法理上讲，房地产抵押合同仅是当事人之间就抵押物设定抵押权的债权债务合同，其成立乃至生效之时，抵押权尚未产生，订立抵押合同，属于一种债权行为。其次，国家在办理房地产抵押登记时，对违反国家规定的强制性、禁止性规范的抵押登记予以坚决的否定，即使当事人双方意思表示真实、一致，也不能承认其法律效力，而只对符合法律要求的抵押才予以设立登记，承认其法律效力。

377 房地产抵押期间土地是否可另行转让？

《中华人民共和国城市房地产管理法》明确规定，房地产转让、抵押时，房屋的所有权和该房屋占用范围内的土地使用权同时转让、抵押。因此，房地产抵押期间土地另行转让属于违法行为。

378 已经被抵押的房屋能否购买？

被抵押的房产不一定不能买。

根据《城市房地产抵押管理办法》第三十七条的规定，抵押权可以随债权转让。抵押权转让时，应当签署抵押权转让合同，并办理抵押权变更登记。抵押权转让后，原抵押权人应当告知抵押人。经抵押权人同意，抵押房产可以转让。如果抵押人未通知抵押权人或者未告知受让人，其转让行为则无效。如果房地产开发商将抵押的房产（包括房屋所在的土地使用权被抵押）进行销售的话，在办理预售登记或产权过户时，应向登记机关提交抵押权人同意书、受让人已知房（地）产抵押的声明书，以及其他有关书证。

379 房产证抵押给银行需要办理什么手续？

① 递交材料、提出申请（需要递交的材料包括身份证明、户口本、婚姻证明、收入证明、抵押房产的房地产证及评估报告、贷款用途证明、银行规定的其他资料）。

② 银行调查、审批。

③ 签订贷款合同等法律文件。

④ 办理抵押登记及购买保险。

⑤ 贷款发放。

⑥ 借款人按合同约定按期还款。

⑦ 结清贷款，注销抵押登记。

380 银行是如何实现抵押权的？

抵押权与其担保的债权同时存在，债权消灭的，抵押权也消灭。

有下列情况之一的，抵押权人有权处理抵押的部分或全部房地产，直至偿还全部债务：

① 抵押人未按合同规定履行债务，又未能与抵押权人达成延迟履行协议的；

② 抵押人死亡或被依法宣告死亡，抵押人的继承人、受遗赠人、代管人拒不履行债务或无继承人、受遗赠人代其履行债务的；

③ 抵押人被依法宣告解散或破产的；

④ 抵押人违反规定，擅自处分抵押房地产的；

⑤ 抵押合同约定的其他情况。

对于处分抵押房地产的方式，可以是折价、拍卖或者变卖，由抵押权人与抵押人协商。协商不成的，当事人可以向人民法院提起诉讼。

381 什么是房地产抵押消费贷款？

指的是借款人以自己或第三人的房地产作抵押向银行申请贷款，用于买车、买房等综合性消费，借款人再分期或一次性向银行还本付息的一种信贷方式。

382 个人房屋抵押消费贷款的额度和期限是什么？

个人房屋抵押消费贷款通常不超过被抵押房屋评估值的70%。另外，担保人的年收入在5万元以上（或是中级职称以上的干部）的话，担保额度为5万元；如果达不到这个标准，则担保额度为3万元。

该贷款的贷款期限由借款人和银行共同商定，最短1年，最长不超过3年。同时借款人的最后还款期限不能超过夫妻双方最长的法定退休年龄（男60周岁，女55周岁）。

383 个人房屋抵押消费贷款办理需要准备哪些资料？

① 借款人及其配偶的有效身份证件、户籍证明（户口本及其他有效居住证明）、婚姻状况证明原件及其复印件。

② 保证人同意担保的书面协议以及收入证明；借款人收入证明，比如个人纳税证明、工资薪金证明、投资收益证明、在银行近6个月内的平均金融资产证明等；借款担保人的营业执照和法人证明等资信证明文件；贷款用途证明或是声明；购房合同、协议或是其他证明文件。

③ 抵押房屋所有权证原件、抵押房屋土地证原件以及抵押房屋契证原件；准入证明（房改房）原件；土地管理局权属审查证明原件；其他有权处分抵押房屋人的同意抵押书，需本人签字、盖章；抵押房产的估价报告书、鉴定书和保险单据。

384 个人房屋抵押消费贷款办理的流程是什么？

① 借款人进行贷款前的咨询并填写住房抵押申请书，同时提交相关申请资料。

② 银行对借款人的贷款申请、购房合同、协议以及相关材料进行审查。

③ 借款人把所抵押房产的产权证书以及保险单或是有价证券交银行收押。

④ 借贷双方的担保人签订住房抵押贷款合同并进行公证。

⑤ 贷款合同签订并经公证后，银行要把借贷人的存款和贷款通过转账方式划入购房合同或是协议指定的售房单位或建房单位。

385 办理住房抵押贷款时，怎样缴纳法律服务费？

根据国家相关法律规定，法律事务所一般会按照购房者所申请贷款额的 0.3% 左右向借款人一次性收取法律服务费，最低额度为 100 元。

386 办理房地产抵押合同公证的条件是什么？

① 所申请的公证事项应该符合公证机构的执业区域。

② 申请人与申请公证的事项之间要有利害关系。

③ 所申请的公证事项要在公证业务的范围之内。

④ 申请公证的当事人双方对于申请公证的事项没有争议。

387. 办理房地产抵押合同公证时需要准备哪些资料？

① 当事人为自然人时，需要提交有效的身份证明。如果委托他人办理，就还需要提供经公证机构证明的授权委托书。

② 当事人为中国内地的法人时，需要提供：

a. 公司董事会决议或股东会决议；

b. 授权委托书以及受托人身份证；

c. 法定代表人证明书以及法定代表人身份证；

d. 公司的营业执照。

③ 当事人为非中国内地的法人时，需要提供以下材料。

a. 当事人为中国香港公司时，所提交的材料（商业登记证或注册证书、董事会决议、授权委托书等）需经我国司法部委托的香港律师（也就是公证人）办理公证，并经中国法律服务（香港）有限责任公司办理转递。转让方、受让方若为中国澳门地区的公司，那么其材料需经中国法律服务（澳门）有限责任公司办理公证。如果受让方、转让方为中国台湾地区的公司，经中国台湾地区公证人办理公证，经由中国台湾海基会寄送。

b. 当事人为外国公司，所提交的材料（商业登记证或注册证书、董事会决议、授权委托书等）需经当地国家公证人公证，并经中国驻该国大使馆或领事馆办理认证。

除了上面三种情况下所需要提供的材料外，还需要提供房地产权证书、房产信息单、抵押合同（如果有借款合同，需要提交借款合同原件或是复印件进行备案）、承办公证员根据当事人的具体情况要求当事人提交的其他证明材料。

第十一章 住房保险

　　住房保险可以保证居民在房屋因遭受自然灾害和意外事故而发生损失时，获得一定的经济补偿，为居民的日常生活提供安全保障，也可维护房产经营者的利益。因此，住房保险这一环节万万不可忽略。

388 什么是住房保险？

通常来说，在住房的建造、流通、消费的过程中，风险事故可能会给住房造成损害，给住房所有人带来经济、生活上的困难。为了防范可能会出现的不利影响，住房所有人可以与保险公司达成一项协议，被保险人通过缴纳一定的费用以获得保险公司对住房所遭受的意外损失给予一定的经济补偿。这种以住房及其有关利益为保险目标的保险，就被称为住房保险。

389 住房保险有什么作用？

① **防灾防损，减少灾害损失**。保险公司从企业经营管理和自身经济利益出发，必然要关心保险人的安全，积极进行防灾防损工作，以降低赔付率。保险公司还运用自己处理危险的经验和专门知识，指导房地产经营者的风险管理，向被保险人提供防灾咨询，进行安全检查，提出建议，督促被保险人采取措施消除隐患。

② **住房保险可维护房产经营者的利益**。房产经营者以收取租金为目的。风险事故发生后，住房受损，房租因风险事故中断。如果事先投保了住房保险，就可以使经营者在这方面的利益获得保障。

③ **住房保险可增加被保险人的信用程度**。保险具有提高信用，促进资金融通的作用。例如，以住房为抵押物申请银行贷款时，银行常要求申请人将其住房投保，以增加住房的价值，故住房保险有助于住房所有人信用的提高。

390 住房保险如何办理？

办理住房保险，应由投保人与保险人签订保险合同，具体程序如下。

① 填写投保单。 内容包括投保人的名称、投保日期，被保险人或受益人的名称、保险标的名称和数量，保险责任起讫时间，保险价值和保险金额等。投保单是投保人在保险公司申领的作为保险接受投保的依据文件。

② 签发保险单。 保险人在收到投保人的投保单后，应对投保单的内容逐一审查并实地勘查，在确定符合保险条件后可签发保险单。

③ 收取保险费。 投保人应按规定的保险金额、保险期限和保险费率向保险人如期缴纳保险费。房地产保险合同也可同双方的委托人来办理，如抵押房地产保险可委托银行办理。

391 住房保险合同有哪些内容？

① 保险人名称和住所。

② 投保人、被保险人名称和住所，以及人身保险的受益人的名称和住所。

③ 保险标的。

④ 保险责任和责任免除。

⑤ 保险期间和保险责任开始时间。

⑥ 保险价值和保险金额。

⑦ 保险费以及支付办法。

⑧ 保险金赔偿或给付办法。

⑨ 违约责任和异议处理。

⑩ 订立保险合同的日期等。

392 列入家庭财产保险的住宅保险形式有哪几类？

列入家庭财产保险的住宅保险有两类保险形式：一类是普通险，具体来说就是投保者先交纳一定的保险费，在合同规定的期限内，如果中间出现险情，保险公司会予以赔偿；另外一类是两全责任险，保险公司并不认定是否发生事故，在保险期满时将投保储金退给投保者。

温馨小贴士

在保险房屋价值相同、保险期也一致的情况下，两全责任保险所付的保险费要高于普通保险所付的保险费。

393 办理个人住房抵押贷款是不是必须办理保险？

个人住房抵押贷款保险是银行要求强制购买的，各商业银行普遍规定，购房者在向银行贷款的同时，必须要在保险公司购买个人住房抵押贷款保险。基本操作为房地产开发商将商品房销售给需要贷款买房的业主之后，业主需要向银行申请贷款，银行会要求业主将所购买的房屋进行抵押，并向其指定的保险公司购买个人住房抵押贷款保险，之后银行才会根据房屋抵押借款合同和个人住房抵押贷款保险等资料给予业主贷款。

394. 办理个人住房抵押贷款后,住房保险有什么规定?

办理个人住房抵押贷款后,抵押人有义务妥善保管房产,应该为房产投保,以防止该房产因为自然灾害以及其他意外事故被破坏或是损毁。另外,在抵押期间凡因借款人的过错而导致的保险责任以外的房屋破坏以及损毁所造成的抵押权人的损失,由借款人自己承担。

在选择保险公司时,顾客有权利选择符合自己心意的保险公司。

395. 哪些原因造成的房产损失,保险公司会承担赔偿责任?

根据相关规定,投保的住宅及其附属设备,凡是受到下列原因所造成的损失时,保险公司会承担赔偿责任:

① 冰雹、雷电、洪水、雪灾、地震、海啸、地陷、滑坡、龙卷风、泥石流、冰凌;

② 爆炸、火灾;

③ 在防止灾害和事故中,进行的救护、保护人身生命的安全或是为了减少损失而采取的必要措施对房屋所造成的破坏;

④ 空中运行物体坠落;

⑤ 邻近建筑物及其他固定物体的倒塌;

⑥ 暴风雨造成房屋主要结构(外墙屋顶、屋架)倒塌。

396 哪些原因造成的房产损失,保险公司不承担赔偿责任?

根据相关规定,投保的住宅及其附属设备,凡是受到下列原因所造成的损失时,保险公司不承担赔偿责任:

① 战争、军事行动或暴乱;

② 核子辐射或污染;

③ 被保险人、房屋所有人、使用人、承租人、代看管人或其家庭成员的故意行为;

④ 因设计错误、原材料缺陷、工艺不善等内在缺陷以及自然磨损造成的损失和产生的费用;

⑤ 其他不属于保险责任范围的损失和费用。

《中华人民共和国民法典》第五百九十条规定,当事人一方因不可抗力不能履行合同的,根据不可抗力的影响,部分或者全部免除责任,但是法律另有规定的除外。因不可抗力不能履行合同的,应当及时通知对方,以减轻可能给对方造成的损失,并应当在合理期限内提供证明。当事人迟延履行后发生不可抗力的,不免除其违约责任。

第十二章 物业管理

随着住房制度改革的深入和住宅商品化的推进,房屋产权逐步私有化,物业管理已走进寻常百姓家,但人们还是很难接受物业管理这个概念。其实,完整的住房消费应包括买(租)房支出、住房能源费用支出、物业管理支出。据专家研究测算,在住房的正常使用期内,一次性买房的支出与后期所要支付的物业管理费一样多。也就是说,买房仅仅是住房消费的一部分,买了房,住房消费才刚刚开始。

397 物业管理的狭义概念与广义概念分别是什么？

物业管理是指业主对区分所有建筑物共有部分以及建筑区划内共有建筑物、场所、设施的共同管理或者委托物业服务企业、其他管理人对业主共有的建筑物、设施、设备、场所、场地进行管理的活动。

分类	内容
狭义	物业管理是指业主委托物业服务企业依据委托合同进行的房屋建筑及其设备、市政公用设施、绿化、卫生、交通、生活秩序和生态环境等管理项目进行维护、修缮活动
广义	物业管理应当包括业主共同管理的过程和委托物业服务企业或者其他管理人进行的管理过程

398 什么是居住物业？

这是住宅小区最基本的功能。居住物业是指具备居住功能、供人们生活居住的建筑，包括住宅小区、单体住宅楼、公寓、别墅、度假村等，也包括与之相配套的共用设施、设备和公共场地。

399 什么是业主大会和业主委员会？

业主大会由物业管理区域内的全体业主组成，代表和维护物业管理区域内全体业主在物业管理活动中的合法权利，履行相应的义务。业主委员会由业主大会依法选举产生，履行业主大会赋予的职责，执行业主大会决定的事项，接受业主的监督。业主大会或者业主委员会的决定，对业主具有约束力。

物业管理区域内全体业主组成业主大会，选举产生业主委员会作为业主大会的执行机构。业主大会和业主委员会代表及维护物业管理区域内全体业主在物业管理活动中的合法权益。业主人数较少且经全体业主一致同意，决定不成立业主大会的，由业主共同履行业主大会、业主委员会职责。

400 怎么选择物业公司？

① **调查物业公司的口碑**。在购买商品房之前，要先向房地产开发商了解物业公司的一些基本情况，并到该物业公司管理的房产项目去看一看，了解一下该公司的口碑。

② **尽量选择名牌物业**。名牌物业大都经验丰富、重视信誉并且经营严谨、服务完善，以为业主提供优质高效的服务为目标。虽然品牌物业的收费贵了一些，但绝对物超所值。

③ **看背景**。通常有著名酒店管理背景的物业公司实力都比较强，而且专业人才储备充足，能够为业主提供良好的服务。

④ **品特色**。有着独特企业文化的物业公司是有优势的，这类公司通过多年的经验积累，形成了一套独特的处理问题的方法并形成了自己的品牌特点。这样的公司运作规范，在为业主提供优良服务的同时，还能不断地完善自己。

401 小区中的住户有哪些权利和义务？

住宅小区中的住户分为业主和非业主使用人两种。业主就是物业的所有人，即房屋所有权人和土地使用权人；非业主使用人是指那些不拥有物业的所有权，但是通过某种形式获得物业使用权并实际使用物业的人。

分类		内容
权利	业主	对于小区的业主来说，享有物业管理公司依据物业管理委托合同提供的相应管理和服务，是其正当权利。业主对物业的自用部分可以依法行使占有、使用、经营、修缮、改建等基本权利，还可以依法使用物业共用设施以及设备、共用部位和公用设施、公共场所，以及拥有对本物业重大管理决策的表决权
	非业主使用人	拥有对物业管理企业所提供的管理服务的监督、建议、批评、咨询、投诉的权利。在租赁合同中，要写清楚业主赋予非业主使用人的具体权利和义务
义务		（1）按时、按规定缴纳物业管理费 （2）按照业主大会的决议精神，积极遵守并配合执行物业管理企业的各项管理制度 （3）积极参加业主大会，并对小区的物业管理提出自己的意见和建议

402 物业服务企业有哪些权利和义务？

权利	义务
（1）根据有关法律法规，制定物业管理办法 （2）有权选聘专业公司，承担专项管理业务 （3）依照物业管理合同和物业管理办法对物业实施管理 （4）按照物业管理合同和相关规定收取物业费 （5）有权要求业主委员会协助管理 （6）有权制止违反规章制度的行为	（1）为业主提供优质生活、工作环境，做好社区文化建设 （2）履行物业服务委托合同并且依法经营 （3）发现违法行为，要及时向公安机关和有关行政管理机关报告 （4）接受业主委员会和业主的监督 （5）所采取的重大措施需要提交业主委员会审议批准 （6）接受行政主管部门的监督指导

403. 物业服务企业与主管部门的职责如何划分?

现在很多城市都明确了物业服务企业与各专业管理部门职责的划分,一般规定如下。

① **居住小区内供水设施的管理职责。** 高层住宅以楼内供水泵计费水表为界,多层住宅以楼外自来水计费水表为界。界限以外(含计费水表)的供水管线以及设备由供水部门负责管理维护,界限以内(含水表井)至用户的供水管线以及设备由物业管理公司负责管理维护。

② **居住小区内道路和市政排水设施的管理职责。** 住宅小区内道路和市政排水设施的管理职责以3.5米路宽为界。凡是道路宽度在3.5米(含3.5米)以上的,其道路与埋在道路下边的市政排水设施,由市政工程管理部门负责维护管理;道路宽度在3.5米以下的,由物业服务企业负责维护管理。居住小区内各种地下设施检查井井盖的维护与管理,由地下设施检查井的产权单位负责,有关产权单位也可委托物业服务企业负责维护。

③ **居住小区内的供热设施管理职责。** 小区采用锅炉供热的,其供热设备、设施以及供热管线都由集中供热部门负责维护、管理。集中供热部门可以将居住区内的供热交换站以及二次供热管线、用户室内散热设备等,委托物业服务企业维护、管理。

④ **居住小区内的环境卫生管理职责。** 通行公共汽车的道路由所在地的环卫部门负责;其他道路、住宅楼房周围以及绿地内、楼内公共位置等,由物业服务企业负责。

404 如何处理好业主与物业服务企业的关系？

① 业主和物业服务企业要明确自己的定位，实现利益共享。

② 双方要建立互信机制，要实现共存共荣。

③ 要加强彼此之间的交流沟通，遵守共同制定的条约。

405 前期物业合同怎样签订？

所谓的前期物业合同是指物业建设单位与物业服务企业就前期物业管理阶段针对双方的权利和义务所达成的协议，是物业服务企业被授权开展物业管理服务的依据。

应当注意以下几个方面。

① 明确业主和物业服务企业的权利和义务，房地产开发商及物业服务企业的口头承诺应当落实到协议上，要有据为凭。

② 明确物业服务企业提供的物业服务的具体内容包含哪些，其责任是否界定清楚，物业管理服务质量标准是否细化、量化且可供考核。

③ 明确物业管理服务费的标准和缴纳方式以及相关费用的支取是否合理。

④ 明确协议中约定业主在物业使用过程中应遵守的事项。

⑤ 协议终止和解除的约定是否明确、合理。

⑥ 双方违约责任的界定是否明确、合理。

⑦ 确定物业服务企业是否具有相应的资质等级，一般而言资质等级越高，其专业人员越多，资本实力越雄厚，服务水平越高，管理规模越大。

⑧ 未取得资质证书的物业服务企业是无权从事物业服务的。

406 物业管理的专项服务内容有哪些？

① 综合服务：包括公共事务的处理，受理住户的咨询和投诉等。

② 小区设施管理和养护：包括配套设施和公用设施的管理、维护。

③ 绿化养护：专业人员的绿化管理，让小区更美观。

④ 保洁服务：保持小区的干净整洁。

407 物业服务企业有权制止业主的哪些行为？

根据国家相关法律法规的规定，当业主实施下列几种行为时，物业服务企业有权制止、批评教育、责令恢复原状并赔偿损失：

① 不按照合同的规定缴纳各种费用的；

② 擅自改变小区内土地用途的；

③ 擅自改变房屋、配套设施的用途、结构、外观，损毁设施、设备，危及房屋安全的；

④ 私搭乱建，乱停乱放车辆，在房屋共用部位乱堆乱放、随意占用，破坏绿化，污染环境，影响小区景观，噪声扰民的。

408 物业人员在紧急情况下是否有权破窗而入？

根据国家相关法律法规的规定，物业人员在紧急情况下，为了使他人或是本人的人身或财产或是公共利益免遭正在发生的、实际存在的危险，是有权破窗而入的，也就是有权做出损害他人财产的行为。

409 物业管理费单价怎么计算？

下面就写字楼、住宅小区的管理费计收方式做一些简单的介绍。

建筑类别	费用支出内容以及计收方式
写字楼	管理费支出主要包括员工薪金保险、清洁费用、设备设施的维护保养、公共水电费支出、绿化费用、办公费用、一定比例的维修储备金、经理人酬金、税金等 物业服务企业会根据所管理写字楼的面积、设备设施状况、功能配套情况等，计算出各部分每月的支出预算，将其汇总之后得出一个预算总额，然后除以写字楼的总建筑面积，就可以计算出物业的管理费单价
住宅小区	管理费支出主要包括车辆交通管理费、清洁费、绿化维护保养费、治安管理费、公共蓄水池定期清理费、公共水电支出费、排污设施管理费，员工薪金、保险、税金以及合理利润等 住宅小区物业费单价的计算方法和公寓楼是一样的，其管理费的主要征收方式是按单元征收和按面积征收两种

410 公共性服务收费是如何构成和测算的？

① 物业服务企业固定资产折旧费以及合理利润率。

② 按照国家现行税法规定，物业服务企业在进行经营活动的过程中所必须缴纳的税费。

③ 保安费，这是封闭式小区维持公共区域秩序的费用。

④ 清洁卫生费。

⑤ 绿化管理费，是指小区环境绿化的养护费用。

⑥ 房屋共用部位、共用设备和设施日常运行维修费以及保养费。

以上几类费用就是小区公共性服务收费的费用构成，测算出来后把它们全部相加，就能得出总的费用。

411 物业服务企业是否可以预收物业管理费？

如果物业管理合同中规定业主应该预交物业管理费，那么业主就必须先交费。这种情况属于合同规定了双方履行义务的先后顺序。

如果并没有事先约定好先后顺序，那么通常要根据习惯或是当地的商业规则。不同的地域，行业习惯和规则各不相同，有的是提前1个月预交物业管理费，有的是提前1年交物业管理费，因为不能等物业服务企业已经管理1年了，再去交物业管理费。

但是，不管是哪一种收费模式，物业管理公司都不可以预收5～10年的物业管理费。

412 未签订物业服务合同，业主能否拒交物业管理费？

我国的《民法典》规定，当事人订立的合同有书面形式、口头形式和其他形式。《物业管理条例》也规定，业主委员会应当和业主大会选聘的物业服务企业签订书面的物业服务合同。如果没有签订书面的物业合同会怎么样呢？

《民法典》又规定，当事人没有采用书面形式订立合同，但是一方已经履行了主要的义务并且对方已经接受的，该合同就是成立的。也就是说，没有签订书面的物业合同并不必然导致合同关系不成立。只要物业服务企业提供了服务，而业主又接受了这些服务，那么业主就不能以没有签订书面合同为由，拒绝承担物业管理费。

413 房屋租金是否可以抵消物业管理费？

根据国家相关法律法规的规定，如果物业产权人要把自己的房屋租给他人，并委托物业服务企业收取房屋租金，产权人是可以用房屋租金抵减物业管理费的。当房屋租金超过物业管理费，物业服务企业必须将多出的金额返还给产权人；相反，如果房屋租金不够支付物业管理费，产权人必须补交不足的费用。

414 买房未入住，也要交纳物业管理费吗？

根据我国相关法律法规的规定，只要房主收了房屋的钥匙，那么该房屋就已经算是交付给业主使用了。这样一来，业主当然就需要交纳物业管理费了。再者，物业管理费的构成是由国家统一规定的，并不以房主是否入住作为收取物业管理费的标准。房主是否入住，完全是自己的选择，这不能作为拒交物业管理费的依据。

415 物业收费中会有哪些不合理之处？

① **不执行国家规定的价格。**一些小区的物业服务企业所收取的水、电、暖气、煤气等费用不执行国家统一的或是相关地方的价格管理办法，擅自涨价。

②**自立名目收费**。比如擅自收取"装修管理费",业主在装修时每户需要交纳150元的管理费等。

③**超过规定标准收费**。有的物业服务企业会擅自提高小区的物业管理费。

④**改变收费方法,变相多收费**。

416 公共区域内的照明费由谁来负担?

住宅小区公共区域的照明通常是指居民楼里的楼梯、电梯、门厅、走廊等地方的照明。这些地方的照明费按照国家相关法律法规的规定,是应该由受益人来承担的,也就是由小区的住户来共同承担。

417 小区内的道路、绿地归谁所有?

小区内的道路、绿地等,属于业主共有。《中华人民共和国民法典》第二百七十四条规定,建筑区划内的道路,属于业主共有,但是属于城镇公共道路的除外。建筑区划内的绿地,属于业主共有,但是属于城镇公共绿地或者明示属于个人的除外。建筑区划内的其他公共场所、公用设施和物业服务用房,属于业主共有。

418 物业服务企业可以自行将绿地改建为停车场吗?

按照规划建设的绿地,任何单位和个人均不得擅自改变。想要将绿地改为停车场须满足以下条件。

① 按照《民法典》《最高人民法院关于审理建筑物区分所

有权纠纷案件具体应用法律若干问题的解释》的规定，绿地属于物业共有部分。改变绿地这一共有部分用途的，属于有关共有和共同管理权力的"其他重大事项"，应当经专有部分占建筑物总面积过半数的业主且占总人数过半数的业主同意。

② 按照《物业管理条例》的规定，物业服务企业确需改变绿地用途的应当办理相关手续，即经市绿化行政主管部门审核、市规划行政主管部门批准。

③ 有关手续应当由业主依法办理。

只有满足上述三个条件之后，物业服务企业才可将绿地改为停车场。此外，公共绿地面积减少的，建设单位还应当在该绿地周边补建相应面积的绿地。

419 物业服务企业与业主的维修责任如何划分？

业主作为物业的所有权人，应该对自己所拥有的房产承担维修养护责任。因此，房屋的室内部分，也就是户门以内的部位和设备，包括水、电、天然气等户表以内的管线和自用阳台，都由业主负责维修。

房屋的共用部位和共用设施、设备，包括房屋的外墙面、通道、楼梯间、屋面、上下水管道、公用水箱、电梯、加压水泵、机电设备、公用天线和消防设施等房屋主体共用设施，由物业服务企业组织定期养护和维修。

住宅小区内的水、电、天然气、通信等管线的维修养护，由有关供水、供电、供气以及通信单位负责，维修养护费由相关业务单位支付。但是物业服务企业与有关业务单位有特别约定的，按照双方的约定来确定维修责任。

房主可以自行维修养护房屋的自用部分和自用设备，也可以委托物业服务企业或其他专业维修人员来维修养护，但是需要承担一定的费用。由于业主拒不执行维修责任，从而导致房屋及其附属设施已经或者可能危害相邻房屋安全以及公共安全，造成损失的，业主应当赔偿损失。

另外，人为造成小区公用设施损坏的，由损坏者负责修复，造成损失的，应当赔偿损失。

420 如何对公房进行维修、养护、管理？

公房向个人出售后的维修管理是比较复杂的，因为一栋楼涉及多个产权人和产权单位，而且楼房的结构、设备、设施都互相毗连，会涉及多方面的关系。为此，相关部门也给出了相应的解决方案。

① **在老旧公房出售前：** 售房单位必须对房屋结构和装修设备进行检修，保障房屋的安全和正常使用。公房出售给个人后，售房单位应该负责落实维修项目的施工单位，如果有急需修理的工程，要保证能够及时进行抢修。

② **公房出售后：** 楼房单元户门内的自用部位和自用设备的维修费用应该由房屋所有人来承担。房主可以自己维修养护，也可以委托物业服务企业维修养护，但是需要承担一定的费用。

③ **售后公房的维修、管理应该本着"权利与义务相一致"的原则：** 对那些结构相连或是具有共有、共用设备和附属建筑，不同所有人所共有的房屋，住户应该共同合理使用并承担相应的义务。

④ **楼房的共用部位和共用设施设备的维修养护费用，从公共维修养护基金中支付**。不足部分以及单位住宅楼房的大修费用，由产权人按房屋面积分摊。凡是人为损坏的，由责任人负责修复或是赔偿。

421 建筑安装工程保修的期限是多久？

① 建筑装饰工程的保修期为2年。

② 屋面防水和外墙面渗漏，保修期为5年；有防水要求的房间渗漏，保修期为5年；因施工责任造成的其他土建工程项目问题，保修期为1年。

③ 电梯设备安装工程的保修期为2年。

④ 供热与供冷工程的保修期为2个采暖期或2个供冷期。

⑤ 电气管线、排水管道、设备安装的保修期为2年。

⑥ 其他工程的保修期，按照国家有关规定或是按照建设单位与施工单位签订的合同中的约定执行。

422 住户装修时是否应交纳装修押金？

有些小区的物业服务企业在住户装修时，按照合同的约定预先收取一定的装修押金。那么业主应交纳装修押金吗？如果在购房时就相关内容和物业服务企业做过约定，该约定中也允许物业服务企业在装修房屋时事先收取一定数额的装修押金，那么就应该按照约定交纳这笔费用。需要注意的是，等到装修完成，物业服务企业验收合格后，这笔装修押金应如数退还给业主。

423. 业主委员会成立前,房地产开发商和物业服务企业签订的合同是否有效?

根据《物业管理条例》中第十一、第二十一、第二十六条规定,选聘和解聘物业服务企业的权利属于全体业主(业主大会),业主委员会无决定权(只有执行权)。

第十一条规定,下列事项由业主共同决定:

① 制定和修改业主大会议事规则;

② 制定和修改管理规约;

③ 选举业主委员会或者更换业主委员会成员;

④ 选聘和解聘物业服务企业;

⑤ 筹集和使用专项维修资金;

⑥ 改建、重建建筑物及其附属设施;

⑦ 有关共有和共同管理权利的其他重大事项。

第二十一条规定:在业主、业主大会选聘物业服务企业之前,建设单位选聘物业服务企业的,应当签订书面的前期物业服务合同。

第二十六条规定:前期物业服务合同可以约定期限;但是,期限未满、业主委员会与物业服务企业签订的物业服务合同生效的,前期物业服务合同终止。

如果不满房地产开发商签订的物业管理合同,可以通过业主大会做出决定,重新选聘物业服务企业。

424 业主可以不执行业主大会的决议吗？

依据《中华人民共和国民法典》规定，业主大会或者业主委员会的决议，对所有业主具有法律约束力。无论业主是否参加了业主大会，也无论是否同意业主大会的决定，只要该决定经业主大会或者业主委员会通过，就对业主产生法律约束力；如果业主认为该决议侵犯了自己的权利，可以请求人民法院予以撤销，但在法院判决该决议对其无效前，依然要执行该决议。

425 业主可以辞退物业服务企业吗？

按照国家的相关规定，业主如果对物业服务企业的服务不满意，可以辞退物业服务企业。但是业主应该提前3个月把这个决定告知物业服务企业。

具体的程序是：当前期物业服务合同期限将满时，业主委员会应该及时召开业主大会，决定是否和物业服务企业续约。如果决定不再续约，要提前3个月书面通知物业服务企业。物业服务企业接到通知后，需要做好交接准备。同样，前期物业服务合同期限将满之时，物业服务企业如果决定不再续约，也应当在合同期限届满前3个月书面通知业主大会，业主大会则应该及时依法选聘新的物业服务企业。物业服务企业告知业主大会的日期距合同期满不足3个月的，应自告知之日起3个月后才可以撤离物业管理区域，不能提前撒手不管。

第十三章 房产维权

面对越来越多的购房需求,房产纠纷成为业主最关心的问题之一。在实际操作时,业主可能遇到各种问题甚至陷阱。对于房屋究竟怎么进行维权?这就要了解关于房产维权的相关知识,更好地维护自身的利益。

426 什么是住宅产权?

住宅的产权也就是业主所拥有的房屋的所有权,具体是指房产的所有者享有的国家法律所规定的各项权利,也就是房屋各项权益的综合,这里所说的各项权益主要是指该房屋的占有权、使用权、收益权和处分权。

通常,我国民用住宅建筑的权属年限为70年(70年产权到期后业主可以持土地证以及相关批准文件到市、县一级的土地管理部门办理产权续期,由市、县人民政府审查同意后补齐差价即可),也就是说一套商品房的产权是70年。商用房屋建筑的权属年限为40年,也就是一个商铺的产权是40年。

427 什么是住宅使用权?

住宅使用权就是对房屋的实际使用权利。具体来说,就是通过一定的法律契约,不拥有房屋所有权的人也可以长期使用房屋,即获得房屋的使用权。比如租房,通过签订的租赁合同,租房子的人可以在一定时期内获得房屋的使用权。

另外,国家所推出的使用权房其实也是一种承租人享有使用权的房屋。这种房屋的使用权人就是承租人,产权人是房管局。房管局和承租人之间是长期租赁关系,而且还不能随意解除这种租赁关系,不能随便收回房屋,就算收回也要对使用权人进行补偿。承租人还享有所居住房屋的优先购买权,在房屋需要拆迁时,业主应该合理地安置承租人,也可以给承租人相应的经济补偿。但是承租人不能擅自转让承租权,也不能出租、出售房屋。

428. 住宅的处分权和收益权分别指什么？

① **处分权：** 它是房屋所有权中的一项最基本的权利，这种权利由房主行使，也就是说只有房主才有权利处分住宅、房产，比如将房产变卖、抵押或是赠与他人。但是当房屋、住宅作为抵押物被抵押给债权人的时候，如果房主到期不能清偿债务，那么债权人就有权处分房屋并优先受偿。

② **收益权：** 房主利用自己的住宅、房产等获得某种利益的权利，比如出租住宅而得到房租等。

429. 各种物业的土地使用年限是一样的吗？

首先需要说明的是，各种物业的土地使用年限是不一样的。根据国家相关规定：

① 居住用地的土地使用年限是 70 年；

② 工业用地的土地使用年限是 50 年；

③ 教、科、文、卫、体育用地的土地使用年限是 50 年；

④ 商业、旅游、娱乐用地的使用年限是 40 年；

⑤ 综合或其他用地的土地使用年限是 50 年。

取得所有权的房屋，在土地使用权期满后继续使用的，应当于届满前的一年申请续期，重新签订土地使用权出让合同，按照规定支付土地使用权出让金。

430 商品房买卖常见纠纷有哪些？

① 商品房预售纠纷。

② 单位集资房和已参加房改的公有住房的出售纠纷。

③ 私有房屋和二手房买卖纠纷。

④ 商品房出售纠纷。

⑤ 房地产权属纠纷。

⑥ 房屋赠与、互易和继承纠纷。

⑦ 物业管理纠纷、相邻权纠纷。

431 怎样防止房地产开发商把房子另卖？

购房者和房地产开发商签订商品房预售合同后，由于预售的房屋还没有建造好，因此暂时没有办法办理房屋产权过户手续，购房者不可能在不动产登记簿中登记为该房屋的所有权人。这个时候，虽然房地产开发商承担了按照合同约定转让房屋所有权的义务，但是购房者所拥有的只是合同上的请求权，不具有排他的效力，购房者没有办法阻止房地产开发商把房子卖给他人。有些无良的房地产开发商在和购房者签订了合同之后，一旦发现房价上涨，就会宁愿赔付违约金，也要撕毁合同，将房子另卖。那么，怎样才能阻止房地产开发商将房子另卖给他人呢？

为了保护购房者的权利，根据我国《民法典》的相关规定，购房者可以对所购买到的预售的房屋进行预告登记。进行预告登记后，预售房屋发生抵押、另行出售给第三人、强制执行等情况时，这些行为都不能生效。

432. 导致房地产开发商延迟交房的原因是什么？

① 房屋在验收过程中发现问题，没有合格，大部分原因都是房屋的质量出现严重的问题而未验收合格以及没有达到《消防法》要求，没通过验收。

② 工程没有在指定的时间内完成，又或是遇到困难和非常严重的技术性问题，不能及时得到解决。

③ 市政方面的配套工程没有得到批准或是许多建筑材料安装拖延。

④ 房地产开发商出现资金短缺等问题，例如拖欠工人工资导致工人罢工、闹事等。

⑤ 没有办理好贷款。

⑥ 由于很多原因房地产开发商想要重新规划小区内的房屋设计导致无法按时交房。

⑦ 不可抗力，如洪水、地震、火灾、罢工、骚乱等。

⑧ 小区里的内部道路以及绿化工程的建设没有完善。

⑨ 由于政府规划的原因对小区外围道路的实行规划以及市政配套设施有了改变，从而导致小区内部建设不完善。

433. 售楼广告宣传不实，房地产开发商是否要承担违约责任？

根据最高人民法院《关于审理商品房买卖合同纠纷案件适用法律若干问题的解释》第三条的规定，商品房的销售广告和宣传资料为要约邀请。房地产开发商就商品房开发范围内的房屋以及相关设施所作的说明和允诺的具体内容确定,并对商品房买卖合同的订立以及房屋价格的确定有重大影响的,应当被看作是要约。

该说明和允诺就算没有被写入商品房买卖合同,也应当被看作是合同内容,当事人违反的,同样要承担违约责任。因此,如果售楼广告的宣传,尤其是某些具体的承诺与事实不符,房地产开发商是要承担违约责任的。

434 新房出现质量问题怎么办?

根据国家相关法律法规的规定,房地产开发商在向购房者交付新房时,必须向购房者提供《住宅质量保证书》和《住宅使用说明书》。《住宅质量保证书》一方面保证该商品房的质量是合格的,另一方面也明确了房地产开发商应对所售的商品房承担质量保修责任。

这样一来,如果新房在保修期内发生了属于保修范围内的质量问题,房地产开发商就应当履行保修义务,并对所造成的损失承担赔偿责任。如果房地产开发商在规定时间内没有履行维修义务,那么购房者可以找第三人维修,由此所产生的维修费用和给业主造成的损失都应该由房地产开发商来承担。

如果房地产开发商具备相关文件,但是房屋确实还是存在着质量问题,并且影响了房主的正常使用,那么房主有权拒绝收房,并要求房地产开发商承担逾期交房的赔偿责任。

如果房地产开发商所交付的房屋只存在一些小的质量问题,并不影响平时正常使用,那么房主就可以按照房屋保修规定,要求房地产开发商进行维修,同时也可以要求房地产开发商赔偿自己的损失。

435 房屋面积有误差怎么办？

如果购房者所购买的房屋在验收时实际面积和合同所约定的面积不一样，购房合同对这类问题有约定，就按照合同的约定来处理。如果购房合同没有约定或约定不明确的，按照以下原则处理。

① 面积误差比绝对值在3%(含3%)以内，按照合同约定的价格根据实际情况结算，如果购房者请求解除合同，法院是不予支持的。

② 面积的误差比绝对值超出了3%，购房者可以请求解除合同，返还已付购房款以及利息。

③ 如果购房者愿意继续履行合同，房屋实际面积大于约定面积的，面积误差比在3%(含3%)以内部分的房价款由买受人按照约定的价格补足。面积误差比超出3%部分的房价款由卖方承担，所有权归购房者。

房屋实际面积小于合同面积的，面积误差比在3%以内(含3%)部分的房价款由卖方返还给购房者，面积误差比超出3%部分的房价款由卖方双倍返还给购房者。

436 合同上没有约定的地下室能否按实际面积计价？

根据国家法律法规的规定，如果《商品房购买合同》上并没有规定商品房的地下室也按照实际面积计价，那么商品房的地下室是不能计价的，只能算是无偿赠送。

437 公摊面积被房地产开发商重复销售怎么办？

房地产开发商重复销售公摊面积的行为是不符合法律规定的，因为房地产开发商在出卖房屋时已经将公摊面积出售给业主了，这个时候全体业主才是公摊面积的所有权人，而房地产开发商已经不具备处分的资格。全体业主可以要求房地产开发商将公摊面积恢复原状，甚至可以直接向法院起诉房地产开发商。

小区车位可以出售。如果停车位已经列入业主分摊面积中或计入房地产开发商开发成本，其应该归属于小区业主所有，否则应该归属于房地产开发商所有，但是小区内部的停车位不能脱离小区住户对外出售。

《中华人民共和国民法典》第二百七十二条规定，业主对其建筑物专有部分享有占有、使用、收益和处分的权利。业主行使权利不得危及建筑物的安全，不得损害其他业主的合法权益。

第二百七十五条规定，建筑区划内，规划用于停放汽车的车位、车库的归属，由当事人通过出售、附赠或者出租等方式约定。占用业主共有的道路或者其他场地用于停放汽车的车位，属于业主共有。第二百七十六条规定，建筑区划内，规划用于停放汽车的车位、车库应当首先满足业主的需要。

438. 什么情况下买房人可以要求房地产开发商双倍赔偿？

订立合同时	商品房买卖合同订立后
（1）房地产开发商故意隐瞒所出售的房屋已经出售给了第三人或是该房为拆迁补偿安置房屋的事实 （2）房地产开发商故意隐瞒所售房屋已经抵押的事实 （3）房地产开发商故意隐瞒没有取得商品房预售许可证明的事实或者提供虚假商品房预售许可证明	（1）房地产开发商在没有告知买受人的情况下，又将该房屋抵押给第三人 （2）商品房买卖合同订立后，房地产开发商又把该房屋卖给了第三人

439. 房款已付清但是未办理过户，卖方能否收回房产？

有的购房者在购买房屋时会遇到房款已经付清但未办理过户，但卖方收回房产的情况。卖方这样做是不合理的，如果买方和卖方之间并不存在什么特殊约定的话，卖方是没有权利退还房款、终止合同并收回房屋的。

因为商品房买卖过程中的过户登记只是转移房屋所有权的一道必要的手续，不办理也不影响合同的成立和生效，只是影响买方对房屋所有权的取得。

440 已经交付的房屋，原房主还能拆走原来的空调吗？

已经交付的房屋，如果买卖双方的当事人对房屋内的空调的价款在房屋买卖合同中并没有做出明确的约定，又没有达成任何补充协议，那么就应按照有关条款或交易习惯来确定。

从买卖双方签订的房屋买卖合同的相关条款可以知道，房屋的售价是根据房屋的面积和每平方米的售价而得出的，显然并不包括房屋内的物品。因为房屋交付后，房屋内的相关物品还是原房主的财产，原房主是可以拆走原来的空调的。

441 房子卖了，停车位还能用吗？

根据《中华人民共和国民法典》第二百七十五条规定，建筑区划内，规划用于停放汽车的车位、车库的归属，由当事人通过出售、附赠或者出租等方式约定。法律尊重当事人的意思，只要这种约定不违反法律法规的强制性规定，就是有效的。

对于具有独立产权证的车位，它们在构造和使用上具有独立性，是单独的不动产，与房屋之间不存在主物与从物的关系。这意味着，即便房屋所有权发生变动，例如房屋被出售，车位的权属也不会自动随之转移，除非当事人之间有明确的约定或者法律有特别规定。

442 购房者是否可以转让未交付使用的期房？

我国的法律并没有禁止已经签订了《商品房预售合同》的预购人（购房者）转让自己所预购的商品房。但是，如果购房者和房地产开发商在合同中事先约定了预售商品房转让的条件或是限制，则必须遵守合同的约定，否则就需要承担违约责任。

443 哪些情况下，购房者可以要求退房？

可以退房的条件包括约定条件和法定条件两种。约定条件指购房者与房地产开发商在合同中所约定的可以退房的条件；法定条件指根据现行法律的规定，购房者可以退房的条件。当房屋出现以下情况时，购房者可以要求退房。

① 面积误差和套型误差。其中，合同所约定的面积和产权登记面积的误差比绝对值超出 3% 时，购房者有权要求退房。另外，套型与设计图纸不一致或是相关尺寸超出约定的误差范围，合同对此又没有约定处理方式的，购房者可以退房。

② 开发商擅自改变了房子的规划设计。

③ 购房合同无效。

④ 房屋质量不合格。

⑤ 没有办法办理贷款以及房屋没有相关权属证明。

⑥ 延期交付房屋。

⑦ 房子存在抵押、联建或其他经济纠纷。

444 退房的具体程序是什么？

① **发出退房通知。** 购房者可以通过挂号信、传真或电话的形式向房地产开发商发出退房通知。

② **退还的时间限制。** 购房者提出退房要求15日内，房地产开发商应该退还购房者已经支付的全部房款，并且负责办理购房者与贷款银行解除或是终止合同的全部手续。在相关手续或是文件还没有签订前，房地产开发商应该替购房者向贷款银行支付每月要支付的本金和利息。

③ **超期退还。** 房地产开发商如果没有在规定的时间里将全部房款退给购房者并办理完相关手续，那么自购房者发出退房通知后第16日到购房者获得全部房款那天，房地产开发商应该每天向购房者支付相应的违约金。

445 支付了首付款及部分按揭贷款的房子能退掉吗？

已经支付了首付款以及部分按揭贷款的房子是不能退掉的，只能与房地产开发商和银行协商解决。

根据我国《民法典》的规定，依法成立的合同，合同的当事人应当按照约定履行自己的义务，不得擅自变更或是解除。购房者与房地产开发商签订了房屋买卖合同，又与银行签订了按揭贷款合同，就应该按照约定履行自己的义务，否则就要承担违约责任。

446 二手房交易常见纠纷有哪些类型?

二手房交易的常见纠纷如下。

① 房价上涨,卖家毁约引起纠纷。

② 卖家隐瞒房子的真实情况,房源问题引起纠纷。

③ 买家贷款出现问题,造成付款困难引起纠纷。

④ 税费计算错误,缴税引起纠纷。

⑤ 物业交验与户口迁出,未按约定引起纠纷。

⑥ 房屋不能按时交接、房款不能及时支付,逾期引起纠纷。

447 买了二手房,出现质量问题该找谁?

如果购买的二手房出现了质量问题,那么购房者首先要确定是哪一种质量问题,必要的时候还要请房屋质量鉴定机构进行鉴定。质量问题确定后,先要看一下是否属于保修范围,如果房子属于保修范围,那么购房者可以直接向房地产开发商要求保修,卖方有配合的义务。

如果房子的质量问题不属于保修范围而且存在于房屋买卖前,那么原房主就是责任方,应该承担维修义务。

如果房屋存在重大质量问题,已经影响到了房屋的居住与使用安全的话,购房者有权与原房主解除合同,并要求其赔偿相应的银行利息损失。

如果房屋的质量问题不影响房屋的居住与使用安全,购房者有权追究原房主的违约责任,原房主应承担维修义务。如果原房主拒绝承担,那购房者可以自己请人修复并要求原房主承担相应的经济损失。

448 房屋登记被篡改了怎么办？

如果业主发现自己的房屋登记被篡改了，那么可以以房屋登记部门为被告，向法院提起行政诉讼，要求房屋登记部门纠正错误的登记。

449 法院判决后何时可以取得房屋所有权？

以法院、仲裁委裁判方式取得的房产，可以不受不动产物权登记限制，自法律文书生效时取得房屋所有权。

《中华人民共和国民法典》第二百二十九条规定，因人民法院、仲裁机构的法律文书或者人民政府的征收决定等，导致物权设立、变更、转让或者消灭的，自法律文书或者征收决定等生效时发生效力。因此，法院判决取得的房产，自法律文书生效时取得房屋所有权。

450 房产纠纷的诉讼时效有哪几种？

① **特别时效**。指《中华人民共和国民法典》规定"延付或者拒付租金"的情况，诉讼时效为一年，超过一年的，人民法院不予受理。

② **一般时效**。指其他法律有特别规定除外的诉讼时效，通常适用《中华人民共和国民法典》规定的诉讼时效为三年，从权利人知道或应当知道权利被侵害之日起计，超过三年，人民法院不予受理。

③ **最长时效**。指《中华人民共和国民法典》规定"从权利被侵害之日起超过二十年"的，人民法院不予受理。换言之，

即权利人不知道或者不应该知道自己的权利被侵害,请求人民法院保护也应在二十年时效之内提出,超过二十年,人民法院不予保护。

④ **通过行政复议的行政房地产纠纷案件。**此种情况诉讼时效为十五日,自收到复议决定之日起计算,没有经过行政复议的房地产纠纷案件,时效为三个月,从知道做出具体行政复议之日起计算。

⑤ **对行政处罚不服的诉讼时效为三十天。**如《土地管理法》规定:对行政处罚不服的,可以在收到处罚决定三日起三十日内向人民法院提起诉讼。

但是由于做出具体行政处罚的行政机关没有告知当事人的诉讼权或者起诉期限的,致当事人逾期向人民法院起诉的,可按照最高人民法院《关于贯彻执行〈行政诉讼法〉若干问题的意见》(试行)的规定,其诉讼期限从当事人实际知道诉讼权或起诉期限时计算,时效为一年,超过一年的,人民法院不予受理。

451 物业服务企业与业主发生收费纠纷怎么办?

如果物业产权人(业主)或使用人不认同物业服务企业的收费标准,觉得其收费过高、收费项目过多或是提供的服务质价不符时,就应当向住宅小区的业主委员会反映,由业主委员会和物业公司协商解决。

如果物业服务企业所制定的收费标准是经过物价部门核定的,业主或使用人可以提请物价部门重新核定。物价部门应该充分考虑业主或使用人的意见,以物业管理服务所产生的费用为基础,结合物业服务企业实际的服务内容、服务质量、服务深度等因素重新核定。

如果物业服务企业觉得收费标准过低，不能擅自提高收费标准，应该提请物价部门根据物业管理费用的变化调整收费标准，或是与业主委员会协商，双方达成一致意见后才能提高收费标准。

对存在下列行为的物业服务企业，政府价格监督检察机关可以按照国家有关规定进行处罚：

① 提供的服务质量和价格不符的；

② 擅自设立收费项目、乱收费的；

③ 不按照规定实行明码标价的；

④ 只收费不服务或是多收费少服务的；

⑤ 越权定价，擅自提高收费标准的。

另外，如果业主和使用人不按照合同约定交纳物业费，物业服务企业可以要求其限期交纳并按规定收取滞纳金；逾期仍然不交的，物业服务企业可以向法院起诉，申请法院强制执行。

452 物业服务企业可以对违约业主断水、断电吗？

根据我国相关法律法规的规定，物业服务企业没有权力对业主进行处罚，更没有权力对业主采取停水、停电的措施。

小区的供水与供电只是涉及业主与供水公司、供电公司之间的供水和供电合同，如果业主逾期不交水费或是电费，经催告业主在合理期限内仍然不交付水费或是电费的，供水或供电公司有权按照国家规定的程序停止供水或是供电。而物业服务企业在任何情况下都无权对业主采取断水、断电的措施。如果物业服务企业擅自断水、断电，那么业主可以通过法律途径维护自己的权益。

453. 维修养护不及时,物业服务企业应承担什么责任?

根据相关规定,如果物业服务企业因为计划不周、人力不足或是服务态度等原因造成房屋及公用设施、设备修理不及时,业主和使用人有权向业主委员会或房地产行政主管部门提出申诉,并可以根据具体情况或视情节轻重对物业服务企业予以警告、责令限期改正、赔偿损失并处以相应的罚款。

> **温馨小贴士**
>
> 因管理、维修、养护不及时,给业主或使用人造成损失的,物业服务企业应当赔偿业主或使用人的损失;如果物业服务企业管理混乱、擅自扩大收费范围并提高收费标准、私搭乱建、改变房地产和公用设施,房地产行政主管部门有权对其进行处罚。

454. 房改房的楼顶漏水,该由谁负责维修?

根据国家相关法律法规的规定,住宅的共用部位(包括楼顶)属于一栋楼的全体业主所共有,任何一层居民都没有专有权。根据"权利义务相一致"的原则,全体业主在共享权利的同时,应当对住宅的共用部位共同承担维修养护责任。因此,楼顶漏水就需要全体业主共同出资维修。

同时,根据《住宅专项维修资金管理办法》第八条的规定,出售公有住房的,按照下列规定交存住宅专项维修资金:

① 业主按照所拥有物业的建筑面积交存住宅专项维修资

金，每平方米建筑面积交存首期住宅专项维修资金的数额为当地房改成本价的 2%；

② 售房单位按照多层住宅不低于售房款的 20%、高层住宅不低于售房款的 30% 的标准，从售房款中一次性提取住宅专项维修资金。

所以，当住宅的共用部位需要维修时，可以先从住宅专项维修基金中支取相应的费用，由物业服务企业组织专业人员进行维修。

455 房地产开发商在楼房顶层私自竖立广告牌合法吗？

根据国家相关法律法规的规定，如果房地产开发商已经将所拥有的楼房卖出，那么房地产开发商对顶层的楼面是不享有任何权利的，也就是说，其无权允许广告公司在顶层楼面竖立广告牌，其私自竖立广告牌的行为也是不合法的。

456 小区内的商业广告收益，应该归谁所有？

小区广告收益归谁应当分情况讨论。

① 若广告设置在道路、绿地等公共场所、公用设施和物业服务用房处，其收益应为全体业主所有。

② 若广告设置在建筑物专有部分，则其收益应为对应的所有权人所有。

③ 业主对其建筑物专有部分享有占有、使用、收益和处分的权利。业主行使权利不得危及建筑物的安全，不得损害其他业主的合法权益。

457 业主可以占用公共楼道吗？

业主不可以随意占用公共楼道。公共楼道属于共用部位，占用公共楼道就会侵犯相邻业主的权益，业主、业主委员会、物业服务企业可以要求其停止占用；造成共用部位损坏的，还可以要求其承担赔偿责任。

《中华人民共和国民法典》第二百七十二条规定，业主对其建筑物专有部分享有占有、使用、收益和处分的权利。业主行使权利不得危及建筑物的安全，不得损害其他业主的合法权益。

458 自家的承重墙可以随便拆除吗？

不管是自建房的承重墙，还是商品房的承重墙，都不能轻易拆除。因为根据它的字面意思，承重墙起到承重的作用，如果随意拆除承重墙，可能会影响到整

个房屋的结构。如果结构垮塌了，房屋则支撑不起来。一旦房屋垮塌，家中还有人，后果不堪设想，所以千万不能拆除承重墙。

在自建房的建造过程中，如果工人们砌好了墙，而且承重墙已经起到了承重的作用，在这个阶段，如果想要拆除某个承重墙体，则必须在原本承重墙的位置进行加固，直至达到一定的负荷才能够拆除，在这之后再重建就没有问题。所以一定要在保证安全的前提条件下才能够拆除承重墙，如果没有任何措施就拆除，会给施工人员带来很大的安全隐患。

> **温馨小贴士**
>
> 房主虽然是房屋的所有权人,但是不能随心所欲地对房屋进行装修,更不能损害其他业主的利益。业主如果私自拆除房屋的承重墙,就会毁坏房屋的整体面貌,同时也损坏了房屋的共有部分,这些都是法律所禁止的。

459 可以把自家的住房变成经营性住房吗?

房屋的用途应当按规划使用,如果想把住宅改为经营性用房的话,应当要满足两个条件。

① 遵守法律、法规以及管理规约,如要办理相应的审批手续,要符合国家卫生、环境保护要求等。

② 应当经有利害关系的业主同意。

只有满足这两个条件,"住改商"的行为才具有合法性。

物业服务企业若发现业主有"住改商"行为的,应当履行其法定告知、制止义务,及时通知违法业主进行整改,并且交由当地房地产行政主管部门对业主的违规行为进行处置。

460 房主可以自行封闭露天阳台吗?

业主完全有权封闭自家的阳台,首先阳台是自家的,业主有权决定阳台可否封闭。自家阳台也不是公摊部位,而是套内部分,封闭与否与他人无关。